# प्रतिनिधि कविताएँ

चन्द्रकान्त देवताले

सम्पादक
प्रभात त्रिपाठी



राजकमल पेपरबैक्स

राजकमल पेपरबैक्स में
**पहला संस्करण** : 2013
**चौथा संस्करण** : 2024



---

**राजकमल पेपरबैक्स :** उत्कृष्ट साहित्य के जनसुलभ संस्करण

---

राजकमल प्रकाशन प्रा.लि.
1-बी, नेताजी सुभाष मार्ग, दरियागंज
नई दिल्ली-110 002
द्वारा प्रकाशित

**शाखाएँ** : अशोक राजपथ, साइंस कॉलेज के सामने, पटना-800 006
पहली मंजिल, दरबारी बिल्डिंग, महात्मा गांधी मार्ग, प्रयागराज-211 001
1, अनमोल सोराबजी संतुक लेन, धोबी तलाव, मरीन लाइंस, मुम्बई-400 002

वेबसाइट : www.rajkamalprakashan.com
ई-मेल : info@rajkamalprakashan.com

बी.के. ऑफसेट
नवीन शाहदरा, दिल्ली-110 032
द्वारा मुद्रित

**मूल्य :** ₹ 199

PRATINIDHI KAVITAYEN
*Representative Poems* of Chandrakant Devtale
*Edited* by Prabhat Tripathi

ISBN : 978-81-267-2410-9

# भूमिका

चन्द्रकान्त देवताले की ये कविताएँ मैंने कई बार पढ़ी हैं, पर इन कविताओं पर पेशेवर समीक्षक की तरह लिखना मेरे लिए मुमकिन नहीं है। मेरे लिए एक ऐसी कविता है जो मुझे बहुत गहरे में आन्दोलित करती है। इस अन्दरूनी हलचल को, इस विचित्र कायान्तरण को, रचनात्मक ऊर्जा की इस अजस्र प्रवहमानता को, अनुभव, कल्पना, स्मृति, विचार, सामाजिक न्याय, वर्गचेतना, संघर्ष, प्रतिबद्धता और मनुष्यता की इस विलक्षण भावसंकुल संवेदनागझिन कविता को अपने भीतर मैं एक स्वत:स्फूर्त आत्मविस्तार की तरह महसूस करता हूँ। यह एक चित्र-विचित्र संसार है जिसे मैं ऐसे जान रहा हूँ जैसे पहली बार देख रहा होऊँ। यह महज स्तब्ध करनेवाला विस्मयबोध भर नहीं है। यह अपने ही विराट अस्तित्व के जर्रे-जर्रे से गुजरने और उसमें विचरते रहने की, सुलगते रहने की अद्‌भुत कथा है। हिन्दी भाषा की जिजीविषा की जड़ों से रस खींचती इस कविता को कुछेक पारिभाषिक तकनीकी शब्दों की सीमा में बाँधने की कोशिश फिजूल है।

इस कविता का संवेदनात्मक आत्मविस्तार अनुपम और अनूठा है, पर यह केवल विषय की विविधता के कारण ही नहीं है। यह सही है कि चन्द्रकान्त ने इतने सारे विषयों पर कविता लिखी है कि महज उनके शीर्षकों के आधार पर ही उनके काव्य संसार के विस्तार को सहज ही समझा जा सकता है। पर चन्द्रकान्त काव्य-विषय को न तो किसी खास भूगोल में सीमित करता है और न ही किसी खास घटना में उसे बाँध देता है। चन्द्रकान्त की कविता के विषय-वस्तु संसार के ऐतिहासिक

तथ्य मात्र नहीं हैं, एक अदम्य और अनवरत् जारी सृजनात्मक ऊर्जा के जादुई स्पर्श से ही चन्द्रकान्त इन विषयों का काव्य रूपान्तरण करता है। वास्तव में यह ऊर्जा ही उसके आत्ममंथन और उसकी जगत समीक्षा की जननी है।

रचने-गढ़ने की इस इच्छा से आत्यंतिक रूप से और आवयविक स्तर पर संलग्न इसी ऊर्जा के चलते ही वह विषयों की विविधता को जैसे अपने आत्म में ही अनुभव करता रहता है। वस्तु-स्थिति का वर्णन या विषय-वस्तु के चयन के पीछे भी अन्दर एक बेचैन आवाज ही सक्रिय रहती है। पाठक इस आवाज को और पूरी कविता में गतिमान इसके कम्पन और इसके रेजोनेन्स को ही, जैसे विषय या उसके सामाजिक सन्दर्भ या उसकी प्रासंगिता से भी पहले, अपने काव्य-पाठ के तत्काल बाद महसूस कर सकते हैं। और सम्भवत: करते ही हैं। उसकी कविताओं में मौजूद लयों की विविधता के पीछे शिल्प-संयम या कौशल या नवाचार की जाहिर चेष्टा की जगह एक तरह की रागाविष्ट स्वत:स्फूर्तता ही अधिक है। इसी वजह से उसके वस्तु-वर्णन भी किसी रैखिक वैचारिकता में विन्यस्त नहीं लगते। वह स्वयं विचार को कविता के लिए अछूत माननेवाला कवि नहीं है। गहन सामुदायिक बोध को अनुभूत्यात्मक और कलात्मक स्तर पर रचनेवाला एक प्रतिबद्ध और पक्षधर कवि ही है वह। लोकजीवन के संघर्ष की पक्षधरता और पूँजी की निरंकुश अन्यायी सत्ता के प्रतिपक्ष की कविता तो जैसे उसकी रचनाशीलता का बुनियादी कन्सर्न ही है। कला की स्वायत्तता, सुघड़ता और सौन्दर्य की संघर्षविमुख सुरक्षाभिमुख अवधारणाओं को तो वह अपनी काव्य यात्रा के आरम्भिक चरण में ही कूड़ेदान में फेंक चुका है। मार्क्सवाद के प्रति उसकी घोषित प्रतिबद्धता भी एक सर्वविदित तथ्य है। पर उसके लिए यह विचार आत्मप्रदर्शन का इश्तहार भर नहीं है। वास्तव में उसकी कविता की पक्षधर वैचारिकता या उसकी प्रतिबद्धता का स्रोत मानव विवेक के आदिम संघर्ष में और अपनी लोकोन्मुख सांस्कृतिक परम्परा में है। लोकजीवन के साथ उसकी गहरी आन्तरिक संपृक्ति के कई उदाहरण

उसकी कविताओं में मौजूद हैं। अपने वयस्क दिनों में लोक के साथ के साक्षात् अनुभवों से दूर होते जाने की वजह से उसने एकाधिक कविताओं में बड़े नास्टेल्जिक भाव से लोकानुभव के उन सरल सहज दिनों को याद किया है। लेकिन अपने आधुनिक प्रतिबद्ध विचार की कल्पनाशील सक्रियता के कारण वह यह भी जानता है कि आज की साभ्यतिक रफ्तार और तकनीकी प्रसार के खालिस देशी समय में लोक को भावुक शरणस्थली की तरह लेना मुमकिन नहीं है, क्योंकि वैसा कोई लोक तो अब बचा ही नहीं बेशक संवेदना और संघर्ष की वह भावना और नैतिकता जरूर अभी भी बची हुई है जिससे लोक के साथ एक प्रासंगिक संवाद को एक कवि की तरह जारी रखा जा सकता है। चन्द्रकान्त शुरू से लेकर आज तक यही कोशिश करता रहा है लेकिन अपनी कविता में ही, जिसके लिए विचार अछूत नहीं है। लेकिन जो किसी भी महान या घटिया अर्थ और रूप में उसकी कविता का स्थानापन्न नहीं और न ही निर्देशक है।

चन्द्रकान्त देवताले की कविता के भीतर उसकी अन्तर्दृष्टि की ही सक्रियता है। इसी वजह से एक ओर तो वह अपने वस्तुपरक आख्यान को, एक तरह की आवेगपूरित साझेदारी के साथ कुछ इस तरह से रचता है कि वह महज किसी घटना की प्रतिक्रिया मात्र नहीं रह जाती। दूसरी ओर अपने इस आत्मविस्तारक विजन के ही चलते, अपने वैचारिक वर्गबोध को, सत्ता के प्रतिपक्ष में होने और बने रहने के अपने अक्षुण्ण काव्य-संकल्प को, एक ऐसी व्यापकता भी देता है, जो अस्तित्व के अनुभवों, जिज्ञासाओं और सवालों को भी अपने में समो लेती है। इस तरह के लोक-रचनात्मक विस्तार को, व्यक्ति की सीमित निजता या समूह समाज के किसी अवधारणात्मक बोध के आधार पर, उसकी मार्मिक प्रभविष्णुता के साथ अपने भीतर महसूस कर सकना शायद सम्भव नहीं है। शायद इस तरह का कोई पाठ उसकी कविता के रागदीप्त, कल्पना-उन्मेषित, स्वभाव, स्वरूप और संरचना की एक पिष्टोक्तिपरक समझ ही पैदा कर सकती है। लोकजीवन की स्मृतियों के साथ वर्तमान

की करुण त्रासदी को एकमेक करती उसकी कल्पना के विन्यास में इसलिए ही व्यक्ति की निजता और वृहत्तर जन-समाज के होने के सुख-दुख और संघर्ष के बीच वैसा कोई एक्सक्लूसिव (अपवर्जी) विभाजन नहीं है जैसा कि समीक्षा-रूढ़ियों से निर्देशित व्याख्याओं से लग सकता है। व्यक्ति की निजता के स्वीकारोक्तिमूलक और प्रेमानुभूति की बेहद निजी अन्तर्दशाओं को, कल्पनाशील विन्यास में प्रगट करनेवाली कई कविताएँ उसके यहाँ हैं। लेकिन उनमें भी उसके अन्तर्मन को प्रगट करनेवाले मानव सम्बन्धों की एक विशाल दुनिया की मौजूदगी है। यह आकस्मिक ही नहीं है कि अपने नैसर्गिक ब्रह्मांडीय प्रकृतिबोध के साथ-साथ उसकी कविताओं में हर कहीं घर, परिवार, गाँव, शहर और देश दुनिया में धड़कती अनगिन जिन्दगियों की कथा है। उसकी कविता के विविधरंगी संसार को आनुभविक स्तर पर पाने के लिए किसी सामान्यीकरण के बदले उसे उसकी विशिष्ट कविताओं के माध्यम से ही समझने की कोशिश समुचित है।

इस संकलन के लिए चन्द्रकान्त की कविताएँ चुनते हुए मैंने इस बात की कोशिश की है कि पाठक यह अनुभव कर सकें कि विविधरंगी विषयों, सन्दर्भों की बहुलता से समृद्ध यह काव्य संसार एक गहरे सामाजिक, सांस्कृतिक, राजनैतिक कन्सर्न की गतिमानता से ही जीवन्त है। एकदम आरम्भ की कविता में वह श्रम और संस्कृति के बेजोड़ साहचर्य को मूल्यचेतना की तरह अपने काव्य विन्यास में रचता है। वही मूल्यचेतना उसके पूरे काव्य जगत में प्राणधारा की तरह प्रवाहित है। वह 'कबीर, गालिब, तुलसी, मीरा' की स्मृति को पत्थर तोड़ने और अन्न उगाने वाले हाथों से अलग करके देख ही नहीं सकता। इसीलिए चुस्त-दुरुस्त, सुघड़, रिझाऊ स्थापत्य की जगह उसकी कविता में अनगढ़, ऊबड़-खाबड़ और अनचले रास्तों पर चलने की एक बनैली गति है। उसकी कल्पना में हर कहीं सक्रिय प्रकृति की आदिमता की उपस्थिति अगर उसकी प्रेम कविताओं को अतियथार्थवादी संयोजन का रूप देती हुई लगती है, तो वहीं पारिवारिक और गाँव-घरों की स्त्रियों

की याद करते हुए वह उन सम्बन्धों की ऊष्मा, और आज के नितान्त व्यक्तिकेन्द्रित जिन्दगियों के विशेष सन्दर्भ में, उनकी जरूरत और प्रासंगिकता को रेखांकित करता है। लेकिन इसके भी पहले वह खुले मन से कहता है–

*मेरे पास छिपाने को कुछ भी नहीं*

*हाँ छिपाने को होता है बहुत कुछ*
*हर व्यक्ति के पास*
*पर मैं तो उगल चुका कविताओं में*
*अपने सब भेद*

अपने नितान्त व्यक्तिगत को सबके सामने उघारने और उसे सार्वजनिक करने की ऐसी घोषणा को तभी उसके सार्थक रूप में समझा जा सकता है, जब हम इस तरह की कविता को उनकी समग्रता में पढ़ें। यहाँ स्वीकारोक्ति को आत्मप्रदर्शन की तरह नहीं, बल्कि अपने को निरन्तर जानने की कोशिश की तरह ही लिया जाना चाहिए। यों भी इसी संकलन में संकलित इस तरह की व्यक्तिगत कविताओं को अगर हम पढ़ें तो इनमें से उभरते व्यक्ति बिम्ब से हम स्वयं यह अनुभव करेंगे कि यह परिवार और समाज में जीता मरता बिलकुल हमारी तरह का एक व्यक्ति है, जो हमें बड़े विश्वास के साथ अपने अन्तरंग का साझेदार बना रहा है। और यह व्यक्ति कोई अमूर्तन नहीं है, बल्कि निरन्तर आत्मालोचन की गहरी प्रक्रिया से गुजरता, एक ऐसा व्यक्ति है जो आत्मदया की प्रदर्शनात्मक भाषा से परे अपनी ताकत और अपनी कमजोरियों की पहचान के रास्ते से ही सत्ता की क्रूरता और सभ्यता की अमानवीयता की आक्रामक आलोचना को बड़े ही स्वतः स्फूर्त ढंग से अपनी कविता के भावोन्मेषित विन्यास में रचता है।

उसकी प्रेम कविताओं के आरम्भिक दौर में हम उसकी कल्पना के विचित्र चित्रात्मक रूप से परिचित होते हैं। प्रथम पाठ से ही हम यह महसूस कर सकते हैं कि ये ऐसी कविताएँ हैं जो निरी आर्थी संरचना के तर्कपूर्ण विश्लेषण से अलग, चाहत की एक अन्दरूनी मन्थर लय से ही

रची गई हैं। अपनी जिन्दगी के सारे भेद अपनी कविता में लिख देनेवाला यह कवि एक ऐसी कल्पना की दुनिया में हमें ले जा रहा है, जहाँ उसकी कविताओं में अन्तर्निहित व्यंजकता को हम अपनी ही मुक्त कल्पनाशीलता और अपनी स्मृतियों की तरंगता में आत्मसात कर सकते हैं। ऐसा लगता है जैसे यह लय और कल्पना ही इन कविताओं को एक मुक्त, अंतरंग और आत्मीय नानार्थता देती हैं। 'नवम्बर में तैरती आँखें', 'ब्लेड' और 'धनुष पर चिड़िया' ऐसी ही कविताएँ हैं। लेकिन स्त्री के प्रति अपने रुख और अपने सम्मान के भाव को वह इरॉटिक प्रेमानुभूति की सुन्दर कल्पना में ही नहीं लिखता। पारिवारिक और मानवीय सम्बन्धों की दुनिया में आत्मसजग संस्कारी व्यक्ति की तरह जीते हुए ही उसने लड़ती मरती स्त्रियों के अनेक रूप देखे हैं। आजी, माँ, पत्नी, बेटी जैसे रूपों में उसके अन्तर्जीवन में शामिल स्त्रियों से ही उसे वह दिशा मिली है कि वह जानलेवा संघर्षों के बीच पुरुषकेन्द्रित अहंकारी संसार की क्रूरता को झेलती स्त्रियों की पीड़ा और यातना को लिख सके। चन्द्रकान्त की कविता में स्त्री की जीवन्त उपस्थिति का कारण शायद उसकी उत्कट संवेदनशील सामाजिक समझ है, जिसकी वजह से वह महसूस करता है कि सामाजिक, आर्थिक शोषण और क्रूर मर्दाने व्यवहार के चलते स्त्री सचमुच सर्वहारा के लिए किए जानेवाले किसी भी संघर्ष का प्रस्थान बिन्दु है, लेकिन इसे नारीवाद की किताबी बहस के रास्तों के अलावा, ऐसे तरीकों से भी शुरू किए जाने की जरूरत है, जिन्हें इस विशिष्ट देशकाल के सन्दर्भ में एक समुचित लोक व्यवहारी रूप मिल सके। इसीलिए प्रेमानुभूति और पारिवारिक सम्बन्धों की प्रेरक भावप्रवण स्मृतियों से आगे जाकर, वह स्त्रियों के संघर्ष के ऐसे रूपों से हमारा साक्षात्कार कराता है कि हम महसूस कर सकें कि नारीवाद के अन्तर्गत स्त्रियों की स्वतन्त्रता पर बहस करते मध्यवर्गीय अभिजनों की दुनिया के बाहर स्त्रियों की यातना और संघर्ष का वास्तविक व्यावहारिक रूप कितना त्रासद और अमानवीय है। और इस यातना और संघर्ष से हम अपनी बहसों में अभी भी कितने दूर हैं। इस संकलन में प्रकाशित

'औरत', 'बालम ककड़ी बेचनेवाली', 'कोई नहीं उसके साथ' जैसी कविता के माध्यम से हम स्त्री के ऐसे जानलेवा संघर्ष को आनुभविक स्तर पर पहचानते हैं, जबकि 'जनवरी में बारिश', 'माँ जब खाना परोसती थी' या 'बेटी के घर से लौटना' जैसी कविताओं में हम चन्द्रकान्त को ऐसी स्त्रियों के बारे में बातें करते हुए पाते हैं जो उसके अपने ही जीवन का अविभाज्य अंग हैं। पर ऐसी कविताओं के बीच जब हम 'बाई दरद ले' जैसी कविता में सम्बोधित स्त्री को देखते हैं, तो इस अमानुषिक समय में रहने की दहशत से घिर जाने के बावजूद उम्मीद की लौ को जलाये रखते हैं। अमानवीय वहशत की शिकार, लाचार और असहाय स्त्रियों को लड़ने, जीने और सिरजने को प्रेरित करती इस कविता की कुछ पंक्तियाँ हैं–

*बाई दरद ले*
*सुन बहते पानी की आवाज*
*हाँ! ऐसे ही देख ऊपर हरी पत्तियाँ*
*सुन उसके रोने की आवाज*
*जो अभी होने को है*
*जिन्दा हो जाएगी तेरी देह*
*झरने लगेगा दूध*
*दो नन्हें ओठों के लिए*

यह सम्बोधन उस औरत को है जो वहशी बलात्कार का शिकार होने के बाद आसन्नप्रसवा है और दूसरों के क्रूरतम अपराध को अपना पाप मानकर लगातार सोच रही है कि न आए उसका बच्चा गर्भ से बाहर। पर इस घटना के सन्दर्भ की यह कथा कवि की भाषा में उसकी करुणार्द्र संवेदना के संस्पर्श से समाज की क्रूरता के खिलाफ एक ताकतवर भीतरी पुकार में रूपान्तरित होती दिखती है। इसे पढ़कर कोई भी यह महसूस कर सकता है कि सत्ता और ताकतवर समाज की ऐसी क्रूरता के विरुद्ध बौद्धिक और संवेदनात्मक स्तर पर आक्रामक आलोचना की जितनी जरूरत है, उतनी ही जरूरत इस समझ को सक्रिय करने की भी है कि

स्त्री के साथ होने वाले ऐसे अत्याचार के मामलों के सन्दर्भ में नैतिकता के ठेकेदारों और समाज के रखवालों की सदियों से चली आती मान्यताओं पर भी लगातार चोट पड़ती रहे। चन्द्रकान्त के यहाँ उसकी कविता की निर्बाध गति में विन्यस्त ऐसी ही लगातार की जानेवाली चोटें हैं जो हमारे मर्म पर पड़ती हैं। इसे हम महज सुन्दर कविता पढ़ने की तरह नहीं पढ़ पाते कि पढ़ें और औपचारिक प्रशंसा की कुछ जड़ाऊ पंक्तियाँ लिखने या कहने के बाद भूल जाएँ। इसी गहरे अर्थ में चन्द्रकान्त की कविता हमारी स्मृति में रच बस जानेवाली, देसी दिमाग और दिल की कविता है।

उपभोग और उन्माद की सभ्यता के बेरोक प्रसार, राजनैतिक संस्कृति में लगातार जारी गिराव, शोषण, दमन और अन्याय को पालने पोसनेवाली बाजारू रफ्तार के विरुद्ध, खालिस देसी सन्दर्भों के धधकते अनुभवों में वाग्मिता और बेबाकी से विन्यस्त, चन्द्रकान्त की कविता कवि की पक्षधरता का एक मार्मिक और अविस्मरणीय दस्तावेज है। व्यापक लोकजीवन के संघर्ष के बीचोबीच रहकर हासिल की गई यह पक्षधरता सूचनात्मक जानकारियों और खिलन्दड़े कौशल या चतुराई से अलग, दिलोजान से इस संघर्ष में शामिल एक ऐसे आत्मसजग मध्यवर्गीय भारतीय व्यक्ति की कविता है, जो लोकानुभव की अन्तर्दृष्टि से ही अपनी पक्षधरता और संघर्ष की दिशाएँ खोजता रहा है। इस संकलन में ऐसी कई कविताएँ हैं जिन्हें पढ़कर पाठक सहज ही महसूस करेंगे कि यह किसी सुरक्षित दूरी से, किसी सुन्दर विजन से देखे गए, जन के जीवन की सुघड़ और रोचक कविता भर नहीं है। इन कविताओं के आख्यान की भाषा में जैसे आत्मानुभव की आँच ही है। इसीलिए यह कविताएँ हमें महज काव्य वस्तु की प्रासंगिकता और विविधता से ही नहीं बल्कि उसकी विशिष्ट स्थानिकता और उसकी संरचना की गतिकी के विभिन्न आयामों से परिचित कराती हैं। वास्तव में ये कविताएँ पाठक की ग्रहणशीलता की प्रक्रिया को ही झकझोरती हैं। पाठकीय अनुभव के स्तर पर हम पढ़ने, सुनने, देखने, गुनने और समझने की जिस प्रक्रिया से

गुजरते हैं वह प्रक्रिया ही जैसे हमें इन कविताओं की मार्मिक अर्थछवियों के भीतर ले जाती है। हम अपने भीतर के देखे जाने, सुने, गुने को ही जैसे उसकी भाषा से एकमेक होते इस तरह पाते हैं कि किसी अकादमिक विचार के सार संक्षेप की तरह उसका वर्णन करना हमें नाकाफी ही नहीं ग़लत लगने लगता है। ये पंक्तियाँ पढ़ें–

*हवा को घायल करते विराट अस्थिपंजर*
*घर के उजाले को रोकते ख़तरनाक पंजे*
*मस्तिष्क के भीतर टूटते आवाजों के दरख्त*
*रौंदते धरती का गर्भ मशीनों के दाँतेदार पाँव*
*और नींद में भी कर देते छेद समर्थ पीठासीनों के भेड़िया दाँत*
*और दूसरी तरफ़ उतने ही आदिम उजाले में*
*तैरते जीवन के सपने*
*दीवारों पर संझा के माँडने, आँगन में हल्दी की गंध*
*गर्भवती साँसों की ऊष्मा से पिघलता चन्द्रमा*
*दाना–पानी करते गाय बैलों को सहलाते हाथ*
*धरती आकाश को ताकती उम्मीदभरी जवान आँखें*
*भूख के अँधेरे में भी चमकती रोशनी की प्यास।*

कई खंडों में विभाजित सुदीर्घ कविता 'नागझिरी' के इस अंश में सभ्यता और विन्यास की आलोचना के प्रखर स्वर में जैसे किसी आन्दोलन की पुकार की तरह शामिल कवि का मन महज उस आक्रोश और नफरत और नकार के रूप में नहीं, बल्कि उस प्रेम और उस सृजन के रूप में भी उजागर है, जो उसकी आक्रामक आलोचना को उम्मीद और करुणा की आर्द्रता में भिगोए रहती है। शुरू में ही मैंने कहा था कि चन्द्रकान्त की कविता श्रम के सम्मान और लोक–संस्कृति की स्मृतियों से ही अपनी मूल्यचेतना को निरन्तर संस्कारित करती रही है। इसीलिए उसके यहाँ न तो भारतभूमि में जन्म लेने और जीने की गदगद आत्ममुग्ध भारतीयता है और न ही ऐसी कोई महान विश्वदृष्टि जिसे पास पड़ोस के रोजमर्रे का दुख और अन्याय ही न दिखे। शायद उसकी आलोचना

पश्चिमी आधुनिकता के अंध स्वीकार पर आधारित नहीं है। शायद उसे उसकी स्मृति में जीवन्त, उन भाव-प्रवण छवियों से जुड़कर ही समझा जा सकता है, जिन्हें वह पूरी भावुकता के साथ 'गाँव तो थूक नहीं सकता था मेरी हथेली पर' जैसी कविता में इस तरह लिखता है जैसे अपने सूख चुके आँसुओं में खोज रहा हो अपना अतीत। पर अपनी भावुकता के बावजूद, बल्कि शायद उसी के कारण वह 'हाई पावर नंगे बस्तर को कपड़े पहनाएगा' से लेकर 'माफिया सरगने की हिदायतें' जैसी कविताओं तक में तरह-तरह से उस प्रेम को ही लिखने की कोशिश करता रहा है, जिसे आज के समय में आग और आक्रमण की जबान में ही लिखा जा सकता है। और अन्त में यह कि चन्द्रकान्त देवताले की कविता का सार अगर करना ही हो, तो मुक्तिबोध के शब्दों में 'वह आवेगत्वरित कालयात्री है।'

**—प्रभात त्रिपाठी**

## अनुक्रम

## जो नहीं होते धरती पर

जो नहीं होते धरती पर
अन्न उगाने-पत्थर तोड़ने वाले अपने
तो मेरी क्या बिसात जो मैं बन जाता आदमी

आखेट और खेती-बाड़ी करते पुरखों ने
जो आग के भीतर नहीं पकाई होती अपनी ज़ुबान
तो वे नहीं दे पाते चीज़ों को एक के बाद एक
उनकी पहचान
असंख्य चीज़ें धरती पर, गर्भ में, आकाश में
और पानी की अतल गहराइयों में
अपने ही पुरखों ने चस्पा किए असंख्य चीज़ों के
कई गुने एक-एक चीज़ के कई-कई नाम

उनने जो नहीं होते पहचाने पहाड़
किया होता नहीं जो मिट्टी का नामकरण संस्कार
तो होते कैसे कहाँ कबीर, ग़ालिब, तुलसी अपने
जिनके बिना होता मैं गूँगा पत्थर एक बदनसीब

मेरा घर बना जो अनगिन शब्दों से
शब्दों के सत् की नींव पर ही तो टिका-खड़ा
समुद्र भी ढाई आखर का प्रवेश करता आँखों से
जगमग अपने मोतियों से
चमकाता है घर के भीतर वाले

घर का कोना-कोना
नहीं होता जगमग
यह सब कुछ भी नहीं होता
जो धरती पर नहीं नाचती अपनी दरद दिवानी मीरा
पर कैसे गाती
तन्मय इतनी कैसे होती मीरा
जो नहीं होते धरती पर
पत्थर तोड़ने-अन्न उगाने वाले अपने।

## शब्दों की पवित्रता के बारे में

रोटी सेंकती पत्नी से हँसकर कहा मैंने
अगला फुलका बिलकुल चन्द्रमा की तरह बेदाग हो तो जानूँ

उसने याद दिलाया बेदाग नहीं होता कभी चन्द्रमा

तो शब्दों की पवित्रता के बारे में सोचने लगा मैं
क्या शब्द रह सकते हैं प्रसन्न या उदास केवल अपने से

वह बोली चकोटी पर पड़ी कच्ची रोटी को दिखाते
यह है चन्द्रमा-जैसी, दे दूँ इसे क्या बिन आँच दिखाए ही

अवकाश में रहते हैं शब्द शब्दकोश में टँगे नंगे अस्थिपंजर
शायद यही है पवित्रता शब्दों की
अपने अनुभव से हम नष्ट करते हैं कौमार्य शब्दों का
तब वे दहकते हैं और साबित होते हैं प्यार और आक्रमण
करने लायक

मैंने कहा सेंक दो रोटी तुम बढ़िया कड़क चुन्दड़ीवाली
नहीं चाहिए मुझको चन्द्रमा जैसी!

## मेरे पास छिपाने को कुछ नहीं

मेरा नाम तुम जानते हो
और यही है मेरा नाम
मैं छत्तीस के साल पैदा हुआ
और उसी मुताबिक है मेरी उम्र
सरकारी स्कूलों में पढ़ा
नौकरी की जहाँ-तहाँ
प्रेम शादी
तीन कमरों का घर
उड़ते-बिखरते मेज़ पर काग़ज़-पत्तर चिट्ठियाँ
सब कुछ जैसा
है उजागर
चौके में खटर-पटर करती
मेरी एक अदद बीवी
लड़ती झगड़ती गाती-बजाती
मेरी दो बेटियाँ
पानी पर तैरती रोशनी या चुप्पी की
तरह आते-जाते मेरे दोस्त

यह रही मेरी नापसन्दगी की सूची
शामिल इसी में मेरे दुश्मन
गोश्त, चापलूसी करने वाले केंचुए,
घटिया किताबें,
आत्मा या सार्वजनिक फ़सलों के चोर,
तस्कर-धन्धेबाज, ईश्वर, भूख या बेबसी के
हरामख़ोर आत्मा ने जिनको कभी नहीं धिक्कारा
मेरे पास छिपाने को कुछ नहीं
इसी कमरे में यहीं किताबों के बीच यह

मेरी सोने की जगह
वह रही चौकी उसी की दराज़ में
मेरे सभी प्रमाण-पत्र, महत्त्वपूर्ण काग़ज़ात
जिन पर इतनी धूल

हाँ छिपाने को होता है बहुत कुछ
हर व्यक्ति के पास
पर मैं तो उगल चुका कविताओं में
अपने सब भेद
कान लगाकर सुन सकता है कोई भी
देख सकता है आँखें बन्द कर
छू सकता है हाथों से जो कहा मैंने बन्द होंठों से भी
किया निपट एकान्त अँधेरे तक में
वह रहा फुसफुसाहटों में दबा
मेरी कमीनगी का स्याह पत्थर
इस अमलतास वाली कविता में ये
ताज़े बबूल के काँटों-सी मेरी कमज़ोरियाँ
यह मेरी ताक़त का सबूत समुद्र
वह मेरा यक़ीन आग का दरवाज़ा

सचमुच मेरे पास छिपाने को कुछ नहीं
सिर्फ़ बचाने को बहुत-सा अपने भीतर
दुराव-छिपाव का पहाड़ी चूहा
धीरे-धीरे कुतरता है आत्मा को
आँखों, कानों और होंठों को
फिर वहाँ बच रहती हैं फूटी कौड़ियाँ
फूटी कौड़ियों की सम्पदा बटोरने की ख़ातिर
जो पानी की जगह फूलदान में भरते हैं रेत
वैसा तो मैं नहीं।

## अपने को देखना चाहता हूँ

मैं अपने को खाते हुए देखना चाहता हूँ
किस जानवर या परिन्दे की तरह खाता हूँ मैं
मिट्ठू जैसे हरी मिर्च कुतरता है
या बन्दर गड़ाता है भुट्टे पर दाँत
या साँड़ जैसे मुँह मारता है छबड़े पर

मैं अपने को सोए हुए देखना चाहता हूँ
माँद में रीछ की तरह
मछली पानी में सोती होती जैसे
मैं धुन्ध में सोया हुआ हूँ
हँस रहा हूँ नींद में
मैं सपने में पतंग उड़ाते बच्चे की तरह सोया
अपने को देखना चाहता हूँ

मैं अपने को गिरते हुए देखना चाहता हूँ
जैसे खाई में गिरती है आवाज़
जैसे पंख धरती पर
जैसे सेंटर फॉरवर्ड गिर जाता है हॉकी समेत
ऐन गोल के सामने
मैं गिरकर दुनिया-भर से माफी माँगते की तरह
अपने को गिरते हुए देखना चाहता हूँ

मैं अपने को लड़ते हुए देखना चाहता हूँ
नेक और कमज़ोर आदमी जिस तरह एक दिन
चाकू खुपस ही देता है फरेबी मालिक के सीने में
जैसे बेटा माँ से लड़ता है
और छिपकर ज़ार-ज़ार आँसू बहाता है
जैसे अपनी प्रियतमा से लड़ते हैं

और फिर से लड़ते हैं प्रेम बनाने के लिए
मैं अपने को साँप से लड़ते नेवले की तरह
लड़ते हुए देखना चाहता हूँ

मैं अपने को डूबते हुए भी देखना चाहता हूँ
पानी की सतह के ऊपर बचे सिर्फ़ अपने दोनों हाथों के
इशारों से तट पर बैठे मज़े में सुनना चाहता हूँ
मुझे मत बचाओ
कोई मुझे मत बचाओ

मैं अपने को जाते हुए देखना चाहता हूँ
जैसे कोई सुई की आँख से देखे कबूतर की अन्तिम उड़ान
और कहे–'अब नहीं है अदृश्य हो गया कबूतर
पर हाँ, दिखाई दे रही है उड़ान'
मैं अपनी इस बची उड़ान की छाया को देखते हुए
अपने को देखना चाहता हूँ।

## मुझे ठोकर लगी

मैंने भाषा के साथ कपट किया
यानी अपने से झूठ बोलने की कोशिश की
एक तारा टूटा मुझे तुरन्त ठोकर लगी
और हिचकी आई

मेरी माँ दूर बुदबुदाई होंगी 'कोई डूब रहा है'
शायद मेरा अपना ही कोई डूब रहा है
प्रायश्चित के लिए
मैंने पत्थर माथे से छुआया
और ढूँढ़ने लगा कोई कविता

सच और रोशनी के लिए जीवन ही ढकेलता है

एकाएक टूटी तभी नींद शब्दों की
और उनके भीतर से दुख फट पड़ा बादल की तरह
बचता है धरती पर कोई-न-कोई एक
डूबने से बचाने वाला
वह मेरे व्यक्तिगत अँधेरे में आई
थपथपाया आहिस्ता-आहिस्ता मुझे
और मेरे चेहरे को आँसुओं से भिगोकर चली गई

अच्छा होता जो उसी के सामने
भाप के फव्वारे की तरह निकलते आँसू मेरी आँखों से
और मैं नहीं देख पाता उसका चेहरा।

## कुबूलनामा

कुबूल यह भी
कि असमर्थ मेरी भाषा
कुछ नया रोशन कर पाने में

पर श्रीमन्त!
जब बेरहमी से बाज़ार में
कारगर हो रहे
नेक शब्दों-इरादों के हिंसक औज़ारों जैसे अर्थ
चारों ओर विनाश के शिलान्यास का महापर्व
युद्धोन्मत घोड़ों की हिनहिनाहट की तरह
गूँज रही प्रार्थनाएँ
ऐसे अन्धाधुन्ध उजाले में
अब आप ही बता दें–

जो चाँदी के वर्क में लिपटे फरेब को चींथती
अदा कर रही कर्ज़ अपने ख़ून का
कौन और क्यों कर रहा व्यभिचार
उस भाषा के साथ।

## पुनर्जन्म

मैं रास्ते भूलता हूँ
और इसीलिए नए रास्ते मिलते हैं
मैं अपनी नींद से निकलकर प्रवेश करता हूँ
किसी और की नींद में
इस तरह पुनर्जन्म होता रहता है

एक ज़िन्दगी में एक ही बार पैदा होना
और एक ही बार मरना
जिन लोगों को शोभा नहीं देता
मैं उन्हीं में से एक हूँ

फिर भी नक्शे पर जगहों को दिखाने की तरह ही होगा
मेरा ज़िन्दगी के बारे में कुछ कहना
बहुत मुश्किल है बताना
कि प्रेम कहाँ था किन-किन रंगों में
और जहाँ नहीं था प्रेम उस वक़्त वहाँ क्या था

पानी, नींद और अँधेरे के भीतर इतनी छायाएँ हैं
और आपस में प्राचीन दरख्तों की जड़ों की तरह
इतनी गुत्थमगुत्था
कि एक-दो को भी निकालकर
हवा में नहीं दिखा सकता

जिस भी नदी में गोता लगाता हूँ
बाहर निकलने तक
या तो शहर बदल जाता है
या नदी के पानी का रंग
शाम कभी भी होने लगती है
और उनमें से एक भी दिखाई नहीं देता
जिनके कारण चमकता है
अकेलेपन का पत्थर।

## मेरी किस्मत में यही अच्छा रहा

मैं मरने से न तो डरता हूँ
न बेवजह मरने की चाहत सँजोए रखता हूँ
एक जासूस अपनी तहकीकात बखूबी करे
यही उसकी नियामत है

किराए की दुनिया और उधार के समय की
कैंची से आज़ाद हूँ पूरी तरह
मुग्ध नहीं करना चाहता किसी को
मेरे आड़े नहीं आ सकतीं सस्ती और सतही मुस्कराहटें

मैं वेश्याओं की इज़्ज़त कर सकता हूँ
पर सम्मानितों की वेश्याओं जैसी हरकतें देख
भड़क उठता हूँ पिकासो के साँड़ की तरह
मैं बीस बार विस्थापित हुआ हूँ
और ज़ख्मों, भाषा और उनके गूँगेपन को
अच्छी तरह समझता हूँ
उन फीतों को मैं कूड़ेदान में फेंक चुका हूँ
जिनसे भद्र लोग ज़िन्दगी और कविता की नाप-जोख करते हैं

मेरी किस्मत में यही अच्छा रहा
कि आग और गुस्से ने मेरा साथ कभी नहीं छोड़ा
और मैंने उन लोगों पर यकीन कभी नहीं किया
जो घृणित युद्ध में शामिल हैं
और सुभाषितों से रौंद रहे हैं
अजन्मी और नन्हीं खुशियों को

मेरी यही कोशिश रही
पत्थरों की तरह हवा में टकराएँ मेरे शब्द
और बीमार की डूबती नब्ज़ को थामकर
ताज़ा पत्तियों की साँस बन जाए

मैं अच्छी तरह जानता हूँ
तीन बाँस, चार आदमी और मुट्ठी-भर आग
बहुत होगी अन्तिम अभिषेक के लिए
इसीलिए न तो मैं मरने से डरता हूँ
न बेवजह शहीद होने का सपना देखता हूँ

ऐसे ज़िन्दा रहने से नफरत है मुझे
जिसमें हर कोई आए और मुझे अच्छा कहे
मैं हर किसी की तारीफ़ करते भटकता रहूँ
मेरे दुश्मन न हों
और इसे मैं अपने हक में बड़ी बात मानूँ।

## नवम्बर में तैरती हुई आँखें

पूरी ऋतु किसी और की है
और भूरा भुरभुरा दर्द सिर्फ़ तुम्हारा
पर ज़ख्म का धनुष कहीं नहीं टूटता

ओठों पर नदी की जुम्बिश
आँखों में सीढ़ी-दर-सीढ़ी उतरता आकाश
पूरे चेहरे पर आँसुओं की शिनाख़्त को मिटाता हुआ
स्निग्ध और बारिश नहाए जंगल का प्रसन्न मौसम
सब ढाँप लेता है
दरारें और सोंधी गमक की इच्छा
और पृथ्वी इतनी पछाड़ें खाती प्यास
सब कुछ
पूरी शताब्दी के कन्धों को लाँघती
नमक और शहद की आदिम अतृप्ति
हाथों में आतुर टहनियाँ
जाँघों में छटपटाती नावें
गूँगा शंख
और भीतर का अनछुआ मिजराब
इतना सब छिपा लेती हैं
सिर्फ़ त्वचा और उँगलियाँ
और जंगलों में झरनों का पता पूछती आवाज़
पर नवम्बर में तैरती हुई आँखें
मेरी कविताएँ हैं
जिनमें समुद्र की नींद में बिछा हुआ
वह सब कुछ जाग जाता है अकस्मात्
करुणा से वंचित भाषा की चमकदार धूप में
जो जिस्म और नदी के बावजूद
सिर्फ़ रेत की संगीतहीन दरदरी किरकिराहट है
जो पानी के होंठ और मछली की आँख की कथा है
और खोह में रखा दर्पण
सुनाने नहीं दिखाने लगता है तुम्हारा क़िस्सा
तब मैं बन्द करने लगता हूँ

अपनी कविता पुस्तक और आँखें
और खोलने लगता हूँ तुम्हारी नदी
तुम्हारी ऋतु...जो मेरी नहीं है।

## ब्लेड

मेज़ पर घुस आई धूप और हवा के बीच
रखी हुई है ब्लेड जबकि मेज़ पर
डबल रोटी पड़ी है ताज़े फूलों के गुच्छों के पास
इस वक़्त जब फूलों और डबलरोटी के बीच
एक गुपचुप संवाद जैसा रच रही है धूप
और एक गन्ध इन दोनों के बीच से
टमाटरों को छूकर आ रही है मेरे पास
किसी ने अख़बार लाकर पटक दिया ब्लेड के नज़दीक
और तभी ख़बरों के पेट में घुसती हुई
मुझे बेहद हिंसक दिखने लगी ब्लेड
इतने में तुम आईं नहाकर बूँदें टपकाती हुईं
और मेरी नज़र पड़ी फिर ब्लेड पर
जो अब बेहद कायर और दयनीय लग रही थी
जबकि उसका चमकना जारी था अभी भी
तुम्हारी हँसी सुबह और धूप के कारण।

## धनुष पर चिड़िया

धनुष पर बैठी चिड़िया को वह देखती है पहली बार
दीवार पर लटका धनुष उसे नागवार लगता था
हमेशा एक हिंसक स्मृति की तरह
ग़लत जगह और समय में टँगा हुआ बेबात

पर अभी इस पीली रोशनी में
उसे नहीं लगा चिड़िया बाण की तरह छूटकर
फिंक जा टकराएगी या टपक पड़ेगी लहूलुहान
पके फल की तरह धनुष के इस ख़तरनाक पेड़ से

चिड़िया धनुष से नहीं उसके देखने से आतंकित है
जबकि वह चिड़िया के कारण पुलकित धनुष से आज
उसने उससे जो बेख़बर इस वाकिए से पढ़ रहा था
कहा आहिस्ते देखी तुमने चिड़िया धनुष पर
वह देखता रहा चिड़िया को धनुष समेत
फिर अपने समेत उसे देखकर बोला
तुम भी तो चिड़िया हो मेरी इसी तरह
अब वह चिड़िया को नहीं धनुष को देख रही थी
उस पढ़ते हुए की तरह
और सुन रही थी प्रत्यंचा को
उसमें अपनी गन्ध के साथ।

## समुद्र

समुद्र को कविता में रखकर
घर ले जाऊँगा मैंने सोचा था
उतरते पानी पर चढ़ते पानी के
थपेड़ों वाले झाग का पाउडर बनाकर
शब्दों की जेब में भर दूँगा
और उसे उड़ेल दूँगा जाकर बिस्तर पर
चकित बेटियों के आगे
मैंने सोचा था समुद्र के पास आती
और दूर जाती आवाज़ों के बीच से
थोड़ी-सी दहाड़ की कतरन

भाषा के फेफड़ों में सहेजकर रख लूँगा
और उस वक़्त जब मिमियाने लगेगा कोई
दोस्तों के बीच कविता की टेप चालू कर दूँगा
और कहूँगा सुनो यह उसकी आवाज़ का टुकड़ा है
जिसने मिमियाना कभी नहीं जाना
मैंने सोचा था आकाश और समुद्र के बीच की
अनन्त जल-क्रीड़ाओं को एक बिम्ब के
आइने में क़ैद कर लूँगा
और उस वक़्त उसके सामने कर दूँगा वह आइना
जब वह नदी की तरह नखरेल होने लगेगी
और फिर उसकी शिकस्त के स्वाद को चखते हुए
कहूँगा यह समुद्र का सिर्फ़ एक उच्छ्वास है
चाँदनी की सिर्फ़ एक सीढ़ी पर उफनता हुआ
मैंने सोचा था बहुत पर मेरा सोचना सारा
उसकी विराट और गुस्सैल बुलन्दी के आगे
ठंडी लौ की तरह मेरे भीतर पिघल रहा था
और समुद्र मेरे कौतुक के प्रति उदार होकर
मेरी देह तक मेरे लिए खींच आया था
उस वक़्त तुम मुझे देखती
खारेपन में गिरफ़्तार और उदात्त हलचल के
बीच अनुपस्थित और चुप
तब तुम क्या हँसती झरने की तरह आदतन वहाँ भी
आकाश के पिंजरे में दहाड़ते उस शेर के बावजूद।

## यह बारिश

उन्मत्त हवाओं के सींगों पर थमे बादल
प्रेम करती असंख्य स्त्रियों-सी बदहवास यह बारिश

और भादों में यह इतनी गर्भवती अपनी पृथ्वी
इतनी सुन्दरता इतनी हरियाली
सब कुछ को फेफड़ों, आँखों और रोम-रोम में
समो लेने की ताक़त दो मुझे

नहीं-सी हो गई हैं आज भयावह ख़बरें
मुझे नहीं सुनना शैतानों के मंगलाचरण और भरत-वाक्य
मुझे बचाओ आज सिर्फ़ आज
खोई हुई ख़ुशियों और नष्ट वैभव
की स्मृतियों के दुःस्वप्नों से
पानी की झालरें, उफनाती नदियाँ, झूमते दरख़्त
और अपनी इस गर्भवती पृथ्वी ने
मुझे जंगली बना दिया है
इस जंगलीपन में जी लेने की
इसमें मर जाने की ताक़त दो मुझे।

## स्मरण : सुदीप

अक्सर कहा करते थे तुम–
क्या दरख़्त, खेत, कविता, नदी, कारख़ाने,
आदमी से जुदा नहीं है कोई भी सवाल

मैं भी महसूस कर रहा शिद्दत के साथ
इस तरह से न रहने चले जाने में तुम्हारे
शरीक हूँ मैं भी आग में धुएँ की तरह

जीते जी यह कैसी सज़ा
दस बरस छोटे मुझसे तुम
तुम्हारे न होने को इस तरह फ्रेम में सजाना
फिर थरथराते हाथों पँखुरियाँ बिखेरना...

कहाँ तो तुम्हारे कन्धों पर
अन्तिम सफ़र करना था मुझे
और यह कैसा चीखता मनहूस वसन्त
जिसमें तुम अपनी आवाज़ों सहित
मेरी याददाश्त के उजाड़ में बस गए

'आनन्द' फिल्म देखने के बाद
जब-तब 'बाबू मोशाय'
पुकारता था तुम्हें
जवाकुसुम की तरह
खिल जाता था तुम्हारा चेहरा

छोटे कस्बों, अमरकंटक--बस्तर के इलाक़ों से लेकर
भोपाल और देश की राजधानी तक
जहाँ-जहाँ, जिन-जिन, जैसी कुर्सियों पर बैठे तुम
ज़मीनी रजिस्टर और बेसहारा ज़रूरतमन्दों की
नस्तियों पर गड़ी रहीं तुम्हारी आँखें
शिक्षा-सभ्यता या दुश्चक्र में फँसे
जंगल, दरख़्त, आदिवासी
सबके हक़ों के लिए
पगडंडी-रास्ता-बनाते-रचते संवाद
तुम कभी नहीं भूले
अपनी पुरानी खड़खड़िया साइकिल
और वह चप्पल जो बार-बार निकल जाती थी
और तुम्हारे पाँवों से

बाहर और घर पर ही नहीं
दफ़्तर में भी पूरे वक़्त
तुम्हें अफसर बने रहना कभी नहीं भाया

तभी तो ड्राइवर गोविन्द ने कहा था मुझसे
इस गाड़ी में साहब–अफसर तो बहुत ढोए मैंने
पर यह तो ग़ज़ब का इन्सान
ऐसा एक भी नहीं...

तुम पैदाइशी कवि
पर कठघोड़ा नहीं बनाया कविता को तुमने
तुम्हें तो हर दरख़्त पर कायम करनी थी राय
हर बच्चे को घर के नाम से पुकारना
और सब बुजुर्गों को करना था आदाब
साथ ही हड़पने–नफ़रत फैलाने वाली
कट्टर ताकतों के घमंड से निपटना था
फिर इतनी जल्दी क्यों की तुमने,
ज्यादती भी...

पता नहीं किस ग़लतफ़हमी का शिकार था
फारसी का वह पुराना मशहूर शायर
जो कह गया–
'बेहद इन्साफ पसन्द होती है मौत'
मैं तो देख रहा
मौत की आँखें नहीं होतीं
वैसे ही जैसे अन्धत्व का शिकार है
ख़ुद इन्साफ इन दिनों...

अपने अकेलेपन के भीतर वाले
दूसरे निचाट अकेलेपन में तुमसे
बातें करता रहता हूँ सुदीप
उकसाते रहते हो
मेरे जीवन की मिट्टी के दीये में

कँपकँपाती लौ
तुम बुझने नहीं देते

पर आँसुओं से तरबतर
घायल सपने का निचोड़ इतना
कि तुम्हारे तो काम आ गईं नदियाँ
अन्तिम समय में यमुना
मुझे तो सुनते रहना है नदियों का विलाप
और शोक सन्तप्त निरन्तर बजता तानपुरा...।

## स्मिता पाटील के लिए

तुम्हारे लिए किसी ने प्रार्थना की या नहीं
मैं नहीं जान पाया स्मिता
पर मेरे लिए महकती ख़ामोशी में
डूबती उदास प्रार्थना की तरह ही था
        तुम्हारा चेहरा

मुद्दत हो गई तुम्हें गए
फिर भी तुम्हारे साँवले मध्यवर्गीय
समूचे होने और सहजपन पर
उजास डालता कुछ न कुछ
मिल ही जाता है देखने-सोचने को,
पिछले दिनों ही थीं तुम्हारी दो तस्वीरें
औचक लगा जैसे
मदर टेरेसा, महाश्वेता दीदी या मेधा पाटकर के
अभियान दस्ते की सक्रिय सदस्या कोई

क्यों न लगता
आखिर बेटी तो तुम शान्ता ताई की

जो बम्बई की विशाल झुग्गी-झोपड़ियों वाले
राष्ट्रीय अँधेरे में
कोशिश करती रहती थी मोमबत्ती जलाने की

घने कुहरे में धँसती ट्रेन में सवार तुम
जा रही थी पता नहीं कहाँ
न नाटक था न मंच पर थी तुम
पर एकाएक उतर गई जहाँ
वह स्टेशन तो था ही नहीं कोई
स्वप्न-स्मृति-वेदना रहित तो
हो ही नहीं सकती थी तुम
इतना असबाब—इतना बोझ
कहाँ छोड़ दिया या छिपा लिया अपने में ही
अदृश्य हो गई हल्के-फुल्के ढंग से
जैसे तुम्हारे साथ कुछ भी नहीं

क्या कोई होगा
जो खोजता रहा तुम्हें पागल की तरह
हवाओं, पत्तियों, परिन्दों, बादलों
और समुद्र की लहरों से पूछते हुए—
'वह मेरी थी कैसे—कहाँ खो गई'

जानने के लिए ज़रूर बचे होंगे सबूत
कि कितना सहा तुमने
या तुम्हें क्या शिकायतें थीं
अपनी नींद सपनों तक में किस-किस से
और यह भी तो दर्ज़ नहीं हो पाया
कि चाहे या अनचाहे
कैसे दबे पाँव आया अन्तिम क्षण
पक्का यकीन, कोई नहीं होगा उस वक़्त

मंच पर–प्रेक्षागृह और नेपथ्य में भी
जो सुन पाता तुम्हारा
        अन्तिम स्वगत कथन
उस चमकदार दुनिया में
तुम पहुँच गई थीं पता नहीं कैसे
पर तुम्हारे सभी धड़कते यादगार
किरदारों के बावजूद मेरा मन तो यही कहता
कि तुम्हारी हस्ती के लिहाज़ से
बेहद छोटा था वह परदा

मेरी डायरी में फँसी–अटकी
न जाने कब–कब की
शोक–संतप्त बुदबुदाहटें
तय नहीं कर पा रहीं स्मिता!
तुम्हारे लिए कोई स्मृति–लेख...
सिर्फ़ धुन्ध में अदृश्य होते
देख पा रहा लहरों की तरह
बिखरती हुई एक छाया
'समाप्त' के पहले।

## जनवरी में बारिश

जनवरी की दोपहर
और बारिश हो रही है
जाड़े के दिनों में बारिश होती है
तो उसे मावठा कहते हैं हमारे घरों में

दूसरे महायुद्ध के दिनों में
जिन्हें हम नहीं जानते थे

दूसरे महायुद्ध के दिनों की तरह
सारी दुनिया सिमट आती थी
आजी की गुरसी के पास
बिना तोप की आवाज़ या
युद्ध की ख़बरों के
बिना रेडियो की आवाज़
और बिजली की रोशनी के
बिना किसी अख़बार की दस्तक के
सारी दुनिया
हाथ तापती थी हमारी आजी के साथ

बाहर पानी बरसता रहता
ठिठुरती आजी गुड़ के बारे में बताती
उसे क़बरबिज्जुओं का गुड़ से प्रेम
अच्छा नहीं लगता था
वह कुटकी के चुटकी में
पच जाने से इतनी ख़ुश रहती थी
कि दुनिया की कोई-सी भी ख़तरनाक ताक़त
उसे उदास नहीं कर सकती थी

हम छोटे-से दिन के मैदान में
खेत से घर और घर से खेत को
देखते रहते थे
फिर एकाएक जामुन जित्ते बड़े ओले गिरते
आजी जिन्हें अपने पोपले मुँह में रख
हमें हँसाती थी
माँ कहती थी–
अमरित बरस रहा है
धरती की कोख से सुन्ना उफनेगा

उसी वक़्त दूसरी जगह धरती पर
बारूद के गोले बरस रहे थे
तब हमें कुछ भी पता नहीं था
बहुत छोटी–थी दुनिया
पर आज जितनी है उतनी नहीं थी
और अब हम जान रहे हैं
उस वक़्त के बरसे गोलों से
कितनी जल चुकी है धरती की कोख
आजी नहीं है और गुरसी भी मैंने
बरसों से नहीं देखी
अलबत्ता जनवरी में बारिश हो रही है।

## माँ जब खाना परोसती थी

वे दिन बहुत दूर हो गए हैं
जब माँ के बिना परोसे
पेट भरता ही नहीं था
वे दिन अथाह कुएँ में छूटकर गिरी
पीतल की चमकदार बाल्टी की तरह
अभी भी दबे हैं शायद कहीं दूर

फिर वो दिन आए
जब माँ की मौजूदगी में
कौर निगलना तक दुश्वार होने लगा था
जबकि वह अपने सबसे छोटे और बेकार बेटे के लिए
घी की कटोरी लेना कभी नहीं भूलती थी

उसने कभी नहीं पूछा
कि मैं दिन–भर कहाँ भटकता रहता था

और अपने पान-तम्बाकू के पैसे
कहाँ से जुटाता था

अकसर परोसते वक़्त वह
अधिक सदय होकर
मुझसे बार-बार पूछती होती
और थाली में झुकी गरदन के साथ
मैं रोटी के टुकड़े चबाने की
अपनी ही आवाज़ सुनता रहता।

वह मेरी भूख और प्यास को
रत्ती-रत्ती पहचानती थी
और मेरे अकसर अधपेट खाए उठने पर
बाद में जूठे बर्तन अबेरते
चौके में अकेले बड़बड़ाती रहती थी

बरामदे में छिपकर
मेरे कान उसके हर शब्द को लपक लेते थे
और आखिर में उसका भगवान के लिए बड़बड़ाना
सबसे ख़ौफ़नाक सिद्ध होता
और तब मैं दरवाज़ा खोल
देर रात तक के लिए सड़क के
एकान्त और अँधेरे को समर्पित हो जाता
अब ये दिन भी उसी कुएँ में
लोहे की वज़नी बाल्टी की तरह पड़े होंगे

अपने बीवी-बच्चों के साथ खाते हुए
अब खाने की वैसी राहत और बेचैनी
दोनों ही गायब हो गई हैं

अब सब अपनी-अपनी ज़िम्मेदारी से खाते हैं

और दूसरे के खाने के बारे में एकदम निश्चिन्त रहते हैं
फिर भी कभी-कभार मेथी की भाजी या बेसन होने पर
मेरी भूख और प्यास को रत्ती-रत्ती टोहती
उसकी दृष्टि और आवाज़ तैरने लगती है
और फिर मैं पानी की मदद से
खाना गिटक कर कुछ देर के लिए
उसी कुएँ में डूबी
उन्हीं बाल्टियों को ढूँढ़ता रहता हूँ।

## मैं आता रहूँगा तुम्हारे लिए

मेरे होने के प्रगाढ़ अँधेरे को
पता नहीं कैसे जगमगा देती हो तुम
अपने देखने-भर के करिश्मे से
कुछ तो है तुम्हारे भीतर
जिससे अपने बियाबान सन्नाटे को
तुम सितार-सा बजा लेती हो समुद्र की छाती में

अपने असम्भव आकाश में
तुम आज़ाद चिड़िया की तरह खेल रही हो
उसकी आवाज़ की परछाईं के साथ
जो लगभग गूँगा है
और मैं कविता के बन्दरगाह पर खड़ा
आँखें खोल रहा हूँ गहरी धुन्ध में

लगता है काल्पनिक खुशी का भी
अन्त हो चुका है
पता नहीं कहाँ किस चट्टान पर बैठी
तुम फूलों को नोंच रही हो

मैं यहाँ दुख की सूखी आँखों पर
पानी के छींटे मार रहा हूँ

हमारे बीच तितलियों का अभेद्य परदा है शायद

जो भी हो
उड़ रहा हूँ तुम्हारी खनकती आवाज़ के
समुन्दर पर
हंसध्वनि की तान की तरंगों के साथ
जुगलबन्दी कर रहे हैं
मेरे फड़फड़ाते होंठ
याद है न जितनी बार पैदा हुआ
तुम्हें मैंने बैंजनी कमल कहकर ही पुकारा
और अब भी अकेलेपन के पहाड़ से उतरकर
मैं आऊँगा हमारी परछाइयों के खुशबूदार
गाते हुए दरख्त के पास
मैं आता रहूँगा उजली रातों में
चन्द्रमा को गिटार–सा बजाऊँगा
तुम्हारे लिए।

## बेटी के घर से लौटना

बहुत ज़रूरी है पहुँचना
सामान बाँधते बमुश्किल कहते पिता
बेटी ज़िद करती
एक दिन और रुक जाओ न पापा
एक दिन
पिता के वजूद को
जैसे आसमान में चाटती
कोई सूखी खुरदरी ज़ुबान

बाहर हँसते हुए कहते–कितने दिन तो हुए
सोचते कब तक चलेगा यह सब कुछ
सदियों से बेटियाँ रोकती होंगी पिता को
एक दिन और
और एक दिन डूब जाता होगा पिता का जहाज़

वापस लौटते में
बादल बेटी के कह के घुमड़ते
होती बारिश आँखों से टकराती नमी
भीतर कंठ रुँध जाता थके कबूतर का

सोचता पिता सर्दी और नम हवा से बचते
दुनिया में सबसे कठिन है शायद
बेटी के घर से लौटना।

## औरत

वह औरत
आकाश और पृथ्वी के बीच
कब से कपड़े पछीट रही है,

पछीट रही है शताब्दियों से
धूप के तार पर सुखा रही है,
वह औरत आकाश और धूप और हवा से
वंचित घुप्प गुफा में
कितना आटा गूँध रही है?
गूँध रही है मनों सेर आटा
असंख्य रोटियाँ
सूरज की पीठ पर पका रही है

एक औरत
दिशाओं के सूप में खेतों को
फटक रही है
एक औरत
वक़्त की नदी में
दोपहर के पत्थर से
शताब्दियाँ हो गईं
एड़ी घिस रही है,

एक औरत अनन्त पृथ्वी को
अपने स्तनों में समेटे
दूध के झरने बहा रही है,
एक औरत अपने सिर पर
घास का गट्ठर रखे
कब से धरती को
नापती ही जा रही है,

एक औरत अँधेरे में
खर्राटे भरते हुए आदमी के पास
निर्वसन जागती
शताब्दियों से सोई है,

एक औरत का धड़
भीड़ में भटक रहा है
उसके हाथ
अपना चेहरा ढूँढ़ रहे हैं
उसके पाँव
जाने कब से
सबसे अपना पता पूछ रहे हैं।

## बालम ककड़ी बेचने वाली लड़कियाँ

कोई लय नहीं थिरकती उनके होंठों पर
नहीं चमकती आँखों में
ज़रा-सी भी कोई चीज़
गठरी-सी बनी बैठी हैं सटकर
लड़कियाँ सात सयानी और कच्ची उमर की
फैलाकर चिथड़े पर
अपने-अपने आगे
सैलाना वाली मशहूर
बालम ककड़ियों की ढीग

"सैलाना की बालम ककड़ियाँ
केसरिया और खट्टी-मीठी नरम"
जैसा कुछ तो नहीं कहतीं
फकत भयभीत चिड़ियों-सी
देखती रहती हैं लड़कियाँ सात

बड़ी फज़र से आकर बैठ गई हैं
पत्थर के घोड़े के पास
बैठी होगी डाट की पुलिया के पीछे
चौमुखी पुल के पास
होंगी अभी भी सड़क नापती बाजना वाली
चाँदी के कड़े ज़रूर कीचड़ सने
पाँव में पुश्तैनी चमक के साथ
होंगी और भी दूर-दूर
समुद्र के किनारे पहाड़ों पर
बस्तर के शाल-वनों की छाया में
मांडू-धार की सड़क पर
झाबुआ की झोंपड़ियों से

अलसाई निकलती हुई
पीले फूल के खयालों के साथ
होंगी अँधेरे के कई-कई मोड़ पर
इस वक़्त मेरे देश की कितनी ही आदिवासी बेटियाँ

शहर-कस्बों के घरों में
पसरी है अभी तक
अन्तिम पहर के बाद की नींद
बस शुरू होने को है थोड़ी ही देर में
कप-बसी की आवाज़ों के साथ दिन
लोटा-भर चाय पीकर
आएँगे धोती खोंसते
अँगोछा फटकारते
खरीदने ककड़ी
उम्रदराज सेठ-साहूकार
बनिया-बक्काल
आँखों से तौलते-भाँपते ककड़ियाँ
बंडी की जेबों से खनकाते रेज़गारी
ककड़ियों को नहीं पर लड़कियों को
मुग्ध कर देगी
रेज़गारी की खनक आवाज़
कवि लोग
अख़बार पढ़ते लेटे होंगे
अभी भी कुढ़ते खबरों पर
दुनिया पर हँसते चिलम भर रहे होंगे सन्त
शुरू हो गया होगा
मस्तिष्क में हाकिमों के
दिन-भर की बैठकों-मुलाकातों
और शाम के क्लब-डिनर का हिसाब

सनसनीखेज खबरों की दाढ़ी बनाने का कमाल
सोच विहँस रहे होंगे मुग्ध पत्रकार
धोती पकड़ फहराती कार पर चढ़ने के पहले
किधर देखते होंगे मंत्री
सर्किट हाउस के बाद
दो बत्ती फिर घोड़ा
पर नहीं मुस्कराकर पढ़ने लगता है मंत्री काग़ज़
काग़ज़ के बीचोबीच गढ़ने लगता है अपना फोटू चिन्तातुर
नहीं दिखतीं उसे, कभी नहीं दिखतीं
बिजली के तार पर बैठी हुई चिड़ियाएँ सात

मैं सवारी के इन्तज़ार में खड़ा हूँ
और
ये ग्राहक के इन्तज़ार में बैठी हैं
सोचता हूँ बैठी रह सकेंगी क्या
ये अन्तिम ककड़ी बिकने तक भी
ये भेड़ों-सी खदेड़ी जाएँगी
थोड़ा-सा दिन ढलने के बाद
फूकट में ले जाएगा ककड़ी
सन्तरी एक से एक नहीं
सातों से एक-एक कुल सात
फिर पहुँचा देगा कहीं-कहीं कुल पाँच
बीवी खाएगी
थानेदार की हँसते हुए ककड़ी
छोटे थानेदार खुद काटेंगे
फूकट की ककड़ी
कितना रौब गाँठेगी
घर-भर में
अड़ोस-पड़ोस तक

महकेगा सैलाना की ककड़ी का स्वाद
याद नहीं आएँगी
किसी को लड़कियाँ सात
कित्ते अँधेरे उठी होंगी
चली होंगी कितने कोस
ये ही ककड़ियाँ पहुँचती होंगी
सम्भाग से भी आगे रजधानी तक भूपाल

पीठवाले हिस्से के चमकते काँच से
कभी-कभी देख सकते हैं
इन ककड़ियों का भाग्य
जो कारों की मुसाफिर बन
पहुँच जाती हैं कहाँ-कहाँ
राजभवन में भी पहुँची होंगी
कभी-न-कभी
जगा होगा इनका भाग

सातों लड़कियाँ ये
सात सिर्फ़ यहाँ अभी इत्ती सुबह
दोपहर तक भिंडी, तोरू के ढीग के साथ
हो जाएगी इनकी लम्बी कतार
कहीं गोल-झुंड
ये सपने की तरह देखती रहेंगी
सब कुछ बीच-बीच में
ओढ़नी को कसती
हँसती आपस में
गिनती रहेंगी खुर्दा
सोचतीं मिट्‌टी का तेल-गुड़
इनकी ज़ुबान पर नहीं आएगा कभी

शकर का नाम
बीस पैसे में
पूरी ढीग भिंडी की
दस पैसे में तोरू की
हज़ारपति-लखपति
करेंगे इनसे मोल-तोल
ककड़ी तीस से पचास पैसे के बीच ऐंठकर
खुश-खुश जाएँगे घर
जैसे जीता जहान

साँझ के झुटपुटे के पहले
लौट चलेंगे इनके पाँव उसी रास्ते
इतनी स्वतंत्रता में यहाँ
शेष नहीं रहेगा
दुख की परछाईं का झीना निशान
गन्ध डोचरा-ककड़ी की
देह के साथ
लय किसी गीत के टुकड़े की होंठों पर
पहुँच मकई के आटे को गूँधेंगे इनके हाथ
आग के हिस्से जलेंगे
यहाँ-वहाँ कुछ-कुछ दूरी पर
अँधेरा फटेगा उतनी आग-भर
फिर सन्नाटा गूँजेगा थोड़ी देर बाद
फिर जंगलों के झोंपड़ी-भर अँधेरे में
धरती का इतना जीवन
सो जाएगा गठरी बनकर
बाहर रोते रहेंगे सियार
मैं भी लौट आऊँगा
देर रात तक सोते वक़्त भी

क्या काँटों की तरह
मुझमें चुभती रहेंगी
अभी इत्ती सुबह की
ये लड़कियाँ सात...।

## कोई नहीं उसके साथ

क्या दुख कविता में धुँधला हो जाता है
या कभी-कभी चमकीला भी
जीवन में पछाड़ें खाती उस औरत का
तार-तार होता विलाप
पराए शब्दों में जाकर क्या से क्या हो जाएगा
कहना कितना मुश्किल है

तहस-नहस कर दी गई उसकी झोंपड़ी
चिथड़ों-बरतन-भांडों समेत
बेदखल कर दी गई जो विधवा
डरते-काँपते अधनंगे तीनों बच्चे खड़े
तकते उसे जैसे वह कोई खौफनाक दृश्य

तीसरे जो भी बाँचेंगे
विस्थापन की यह हिंसा
दिखाई देगा क्या उन्हें
ऐसे ही किसी हड़कंप में ध्वस्त होता हुआ अपना घर
बीसवीं के पटापेक्ष के बाद भी धरती पर
कितनी जगह है खाली बसने-बसाने के लिए
फिर भी पुश्तैनी कब्ज़ों को छोड़
घास-पात को निशाना बनाता है
हत्यारों का अंधा बुलडोज़र

बसाने के बदले उजाड़ने की इस क्रूरता को
रचते हुए कितना कुछ टूट रहा है भीतर ही भीतर
और आसपास की दुनिया में कोई फर्क नहीं पड़ रहा
कुछ नहीं हुआ जैसे चुप नदी नर्मदा
सुबह और पहाड़ चुप
वैसे ही मुँह बन्द लोगों की परछाइयाँ

विपदा के सिवा कोई नहीं है
फिलवक़्त उस औरत के साथ
जबकि पूरा देश है चारों तरफ़
हज़ारों शब्द हैं आँसू पोंछने
और कमज़ोरों के साथ खड़े होने के बारे में
पर एक भी शब्द उसके साथ
ऐसा कुछ नहीं कर रहा।

## बाई ! दरद ले

तेरे पास और नसीब में जो नहीं था
और थे जो पत्थर तोड़ने वाले दिन
उस सबके बाद
इस वक़्त तेरे बदन में
धरती की हलचल है
घास की ज़मीन पर लेटी,
तू एक भरी-पूरी औरत
आँखों को मींचकर
काया को चट्टान क्यों बना रही है

बाई ! तुझे दरद लेना है

ज़िन्दगी-भर पहाड़ ढोए तूने

मुश्किल नहीं है तेरे लिए
दरद लेना

जल्दी कर, होश में आ
वरना उसके सिर पर ज़ोर पड़ेगा
पता नहीं कितनी देर बाद रोए
या न भी रोए
फटी आँख से मत देख
भूल जा ज़ोर–ज़बर्दस्ती की रात
अँधेरे के हमले को भूल जा बाई
याद कर खेत और पानी का रिश्ता
सब कुछ सहते रहने के बाद भी
कितना दरद लेती है धरती
किस–किस हिस्से में कहाँ–कहाँ
तभी तो जनम लेती हैं फसलें
नहीं लेती तो सूख जाती सारी हरियाली
कोयला हो जाते जंगल
पत्थर हो जाता कोख तक का पानी

याद मत कर अपने दुखों को
आने को बेचैन है धरती पर जीव
आकाश–पाताल में भी अट नहीं सकता
इतना है औरत ज़ात का दुख
धरती का सारा पानी भी
धो नहीं सकता
इतने हैं आँसुओं के सूखे धब्बे

सीता ने कहा था–फट जा धरती
न जाने कब से चल रही है ये कहानी
फिर भी रुकी नहीं है दुनिया

बाई! दरद ले
सुन बहते पानी की आवाज़
हाँ! ऐसे ही देख ऊपर हरी पत्तियाँ
सुन उसके रोने की आवाज़
जो अभी होने को है
ज़िन्दा हो जाएगी तेरी देह
झरने लगेगा दूध
दो नन्हे होंठों के लिए।

## स्त्री के साथ

मैं आकाश में इतने ऊपर कभी नहीं उड़ा
कि स्त्री दिखाई ही न दे
इसलिए मैं उन लोगों के बारे में कुछ नहीं जानता
कि वे किस तरह सोचते हैं जो ईश्वर के साथ रहते हैं
वैसे मेरी आत्मा आकाश में बहुत ऊँचे तक उड़ी है
पर डोर हमेशा किसी स्त्री के हाथ में रही
और सब जानते हैं कि औरत ज़्यादा ढील नहीं देती

प्रेम करती हुई औरत के बाद भी अगर कोई दुनिया है
तो उस वक़्त वह मेरी नहीं है
उस इलाके में मैं साँस तक नहीं ले सकता
जिसमें औरत की गन्ध वर्जित है
सचमुच मैं भाग जाता चन्द्रमा से फूल और कविता से
नहीं सोचता कभी कोई भी बात जुल्म और ज़्यादती के बारे में
अगर नहीं होतीं प्रेम करने वाली औरतें इस पृथ्वी पर

स्त्री के साथ और उसके भीतर रहकर ही मैंने अपने को पहचाना है
उस अपने को जो हड्डियों और मांस के परे रहता है

और फिर भी शाकाहारी नहीं है
और जब वह मेरे लिए अन्धड़ की तरह बिफरती है
तभी मुझे यकीन आता है कि मेरे भीतर जलती लौ बुझ नहीं सकती
क्योंकि औरत आग पर सिर्फ़ रोटियाँ ही नहीं सेंकती है
खुद आग की हिरनी की तरह चौकड़ी भी भरती है
औरत का आग से रिश्ता बेबात नहीं होता
मैं ज़हर में डूबकर आऊँ या पराजय में धँसकर
औरत की आँखें मुझे काँच के गिलास की तरह धोकर पारदर्शी बना देती हैं
और उसका गुनगुना स्पर्श खाली गिलास को
नशे वाली चीज़ से भर देता है
उसकी बगल में लेटकर ही मैं भाप और फूलों के बारे में सोच पाता हूँ
और मुझे लगता है कि मृत्यु मेरा कुछ नहीं बिगाड़ सकती

पारस पत्थर और कल्पवृक्ष के बारे में मैं नहीं जानता
मेरी आत्मा झाग के थपेड़ों में नहा रही है
मुझे औरत की अँगुलियों के बारे में पता है
ये अँगुलियाँ समुद्र की लहरों से निकलकर आती हैं
और एक थके-माँदे पस्त आदमी को
हरे-भरे-गाते दरख्त में बदल देती हैं
जिसे तुम त्वचा कहते हो वह नदी का बसन्त है
चाँदनी में बहता हुआ इच्छाओं का झरना
उसे समय को परे धकेलकर
जगह को गहराइयों में ले जाना खूब आता है

फिर भी सिर्फ़ एक औरत को समझने के लिए
हज़ार साल की ज़िन्दगी चाहिए मुझको
क्योंकि औरत सिर्फ़ भाप या बसन्त ही नहीं है
एक सिंफनी भी है समूचे ब्रह्मांड की
जिसका दूध, दूब पर दौड़ते हुए बच्चों में

खरगोश की तरह कुलाँचें भरता है
और एक कन्दरा भी है किसी अज्ञात इलाके में
जिसमें उसकी शोकमग्न परछाईं
दर्पण पर छाई गर्द को रगड़ती रहती है।

## नहाते हुए रोती हुई औरत

नदी में डबडब आँखों से कमल के फूल
या बरसात में फूटती चिनगारियों–सी
नहाते हुए रोती हुई औरत

किसी चीज़ के लिए रो रही है औरत
और क्यों चुना उसने नहाने का वक़्त
उसका पति दाढ़ी बना रहा है
और बच्चे आपस में झगड़ रहे हैं
खाने की किसी चीज़ को लेकर
और दूर आम के झुरमुट में कोयल
कूकती जा रही है लगातार
उसके स्वरों के पर्दों पर
रात का अँधेरा नहीं सुबह का शान्त उजाला है
दुख हथेली पर रखकर दिखानेवाली नहीं है यह औरत
रो रही है बेआवाज़ पत्थर और पत्तियों की तरह
वह जानती है पानी बहा ले जाएगा
आँसुओं और सिसकियों को चुपचाप
शिनाख्त नहीं कर पाएगा कोई भी
वह तक नहीं जो कल्पना में देख सकता होगा
बारिश में टपकती ओस की भी बूँद

उसके रोने की जड़ें उसी जगह होंगी
जहाँ से फूटती है कविता की पहली कोंपल

फिर भी मैं बता नहीं सकता
उसके रोने का रहस्य
हालाँकि जानते हैं सब
मामूली वजहों से अकेले में
कभी नहीं रोती कोई औरत।

## सपने

कचकड़े के बंजर आइने में नहीं
अपने ख़ून की लहकती आँच में
सपने देखते हैं हम अपने बच्चों के बाबत
हरे दिन, उड़ते हुए गुलाब
और रंगीन फ़ौवारे के इर्द-गिर्द फलों की
कविता गाती चिड़ियों के साथ

आज की खिड़की में बैठकर हम देखते हैं
भविष्य के मायावी झरने के बीच
सतरंगी पाँचे उछालते, भींजते नन्हे हाथ
दूबवाले मैदान पर खरग़ोश के साथ
कुलाँचें भरती किलकारियों का संगीत
सुनती हैं हमारी साँस

अपने छिपे हुए आँसुओं में
बोते हुए नई फ़सल की उम्मीद से
अपनी इच्छाओं के बीज
हम सपने देखते हैं अपने बच्चों के बाबत
जानते हुए कि बिच्छुओं के डंक विषाक्त हैं
और सड़कें ख़तरनाक

रोटी सेंकते हुए उस माँ का चेहरा
चमक रहा है
वह पालने में लेटी अपनी बेटी को
कहीं दूर मेहँदी की ख़ुशी में
गाते हुए देख रही है

वह पिता दफ़्तर से लौटते हुए
सोच रहा है अपने बेटे के लिए
अमलतास के नीचे गुनगुनी धूप में
उसका बेटा रंगों से खेल रहा है
खेल–खेल में रंग बदल जाते हैं
सफ़ेद वर्दी में और उसका बेटा
जहाज़ में गाते हुए दूर जा रहा है
समुद्र को नापते हुए

यह माँ चक्की पीसते हुए
एक गीत गा रही है
किसी दूसरी दुनिया में
जहाँ उसका बेटा दलिद्दर मिटा रहा है
और एक कायदे की दुनिया में
तनकर खड़ा है आदमी की तरह
अपनी ही छत पर फैली
कुम्हड़े की लतर को मुग्ध निहारता हुआ

यह पिता
टाइपराइटर पर दौड़ती
अपनी अँगुलियों की थकान को तोड़ते हुए
बन्द आँखों के अँधेरे आकाश में
अपनी बेटी के लिए ख़रीदता है एक गुड़िया
और देखता है उसकी बेटी

गुड़िया के खेल-खेल में
राजकुमारी बन गई है
और आतिशबाज़ी के रंगों को चीरकर
शहनाई के स्वरों का उजाला
फैलने लगता है उसकी थकी आँखों में

भीख माँगते हुए
और लकड़ी काटते हुए
और सब्जी लादते हुए
और कंडे थोपते हुए
इंजिन चलाते हुए
और कपड़ा बुनते हुए
एक सपना
अनकही प्रार्थनाओं में तैरता रहता है हमेशा
दुनिया के माँ-बाप की आँखों में।

## बिना किसी तानाशाह की तस्वीर के

पहाड़ी के मोड़ पर के उस अकेले मकान को
देखकर मैंने पूछा वह किसका घर है
इतना सुन्दर और हरे एकान्त में
दान बाबू झाड़ू लगाना बन्द कर बोले
साहब वह बच्चों का जेल है
और बस शुरू हो गई मेरे भीतर
एक ऐसी उथल-पुथल
जिसमें गिरफ़्तार होने लगी
एक बहुत बड़ी दुनिया
अपने हवाई जहाज़ों, बमवर्षक विमानों
टेलीविज़नों, छापाख़ानों, थिएटरों

विश्वविद्यालयों और श्रेष्ठ भोजनालयों सहित
संगीत की कनपटी पर बन्दूक़ दागती
एक बहुत बड़ी दुनिया
बच्चे की छोटी-सी आँख में
चोर या डाकू की तरह
बन्द होने लगी

बच्चों का जेलख़ाना कैसा होगा
सोचकर मैं पहुँचा वहाँ
अब तक सुने थे मैंने
बच्चों के स्कूल-बग़ीचे
मैदान बच्चों का
जानी थी मैंने उनकी दुनिया
तितली के पंख
और गेंद के साथ उड़ती-नापती धरती

पर वहाँ पहुँचकर मैंने देखा
जैसे भूकम्प में अँधेरा बरस रहा था
पक्षियों के थरथराते अंडों पर

मैं न्यायाधीश नहीं था
मेरी आत्मा चोर की तरह झाँक रही थी
सफ़ेद दुनिया के भीतर बने उस मकान में
जो धूप की अँगूठी में चमकता हुआ
भावुकता के बग़ैर भी बदतर था
किसी भी यतीमख़ाने से
हकीकत में वह फाँसी-घर था
जल्लादों के बिना
वह यातना-शिविर था

बिना किसी तानाशाह की तस्वीर के
देश का सबसे छोटा नक़्शा

पन्द्रह थे गिनती में इस वक़्त फ़क़त
और पन्द्रह की आँखों में
पन्द्रह शताब्दियों का भय था
सत्रह से कम की उमर के भीतर
उनकी देह पर
सत्रह सालों के ख़ौफ़नाक हमले थे
पन्द्रह घरों से नहीं आए थे ये
माँ, बाप, भाई, बहन से बिछुड़कर
या छोड़कर
अपना स्कूल गेंद बस्ता अलबम डाक-टिकटों का
या छिपाकर किताबों के बीच अपनी टॉफ़ी अधखाई
चाकलेट, पन्नी, तस्वीरें
किसी खरग़ोश या हाथी हिरन की
पन्द्रह झुग्गियों के लावारिस अँधेरे
और गटरों-गलियों के बदबू मारते भभके से
निकलकर आए थे ये गन्दे शब्दों के
सचित्र संविधान की बस्ती से
पन्द्रह घुड़सवार या जासूसों की
तरह नहीं होंगे ये
न पन्द्रह डाकुओं का गिरोह
छिपा इस वक़्त इनकी मुट्ठियों में
ये नहीं सोचते अभी
मताई या बाप के बारे में
इनके दिमाग़ में है क़ानून के कुछ अटपटे शब्द
कड़क आवाज़ें
ख़ाकी आँखों से झाँकती ख़ौफ़ की छायाएँ

अभी झिझकते बताते अपना
या बाप का नाम
बताएँगे एक दिन अदालत में सब कुछ
कैसे सेंध लगाई होगी इनने
गेहूँ या मक्के के ख़जाने में
कैसे ग़ायब किया होगा कोई जूता
या ट्रांजिस्टर नवाबों के बाड़े से

बड़े-बड़े हत्यारे पढ़ेंगे
इनको दी गई सज़ा की ख़बर
कोड़ों की आवाज़ सुनाई नहीं देगी
डाकुओं की दुनिया में
चांदी की वर्षगाँठ मनाते हुए अपने जूतों की
सुनते रहेंगे सब शहनाई
और बच्चों के जेलख़ाने की खिड़की को
आँखों में सुलगाकर
फूलों के सपनों के हत्यारों की दुनिया में
मैं भी जलता रहूँगा
एक छोटी-सी मोमबत्ती की तरह
अपनी आत्मा का चोर।

## थोड़े-से बच्चे और बाक़ी बच्चे

थोड़े-से बच्चों के लिए
एक बग़ीचा है
उनके पाँव दूब पर दौड़ रहे हैं

असंख्य बच्चों के लिए
कीचड़-धूल और गन्दगी से पटी
गलियाँ हैं जिनमें वे
अपना भविष्य बीन रहे हैं

एक मेज़ है
सिर्फ़ छह बच्चों के बीच
और उनके सामने
उतने ही अंडे और उतने ही सेब हैं

एक कटोरदान है सौ बच्चों के लिए
और हज़ारों बच्चे
एक हाथ में रखी आधी रोटी को
दूसरे से तोड़ रहे हैं

सिर्फ़ कुछ बच्चों के लिए
एक आकर्षक स्कूल
और प्रसन्न पोशाकें हैं

बाक़ी बच्चों का हुजूम
टपरों के नसीब में उलझ गया है
उनकी फटी चड्ढी
उन्हें सीधा खड़े होने से रोक रही है

ढेर सारे बच्चे
सार्वजनिक दीवारों पर गालियाँ लिख रहे हैं
ढेर सारे बच्चे बीड़ी के अद्धे ढूँढ़ रहे हैं
ढेर सारे बच्चे होटलों में
कप-बसियाँ रगड़ रहे हैं
उनके चेहरे मेमनों की तरह दयनीय हैं
और उनके हाथों और पाँवों की चमड़ी
हाथ और पाँव का साथ छोड़ रही है

अख़बार के चेहरे पर जिस वक़्त
तीन बच्चे आइस्क्रीम खाते
हँस रहे हैं

उसी वक़्त
बीस पैसे में सामान ढोने के लिए
लुका-छिपी करते बच्चों के पुट्ठों पर
पुलिस वालों की बेंतें उमच रही हैं

ईश्वर होता तो इतनी देर में उसकी देह कोढ़ से
गलने लगती सत्य होता तो वह अपनी न्यायाधीश
की कुर्सी से उतर जलती सलाखें आँखों में
खुपस लेता सुन्दर होता तो वह अपने चेहरे
पर तेज़ाब पोत अन्धे कुएँ में कूद गया होता, लेकिन

यहाँ दृश्य में
सिर्फ़ कुछ छपे हुए शब्द हैं
चापलूसी की नाँद में
लपलपाती जुबानें
और मस्तिष्क में काले गणित का
पैवन्द है

सख़्त चेहरे हैं
चौराहों पर तने हुए
पत्थरों पर खुदे हुए
सुभाषित वाक्य हैं

और पाँच बच्चे
तबला बजा रहे हैं
दो बच्चे
सितार सीख रहे हैं
एक बच्ची कत्थक में थिरक रही है

और ढेर सारी बच्चियाँ
गोबर-लीद ढूँढ़ते रहने के बाद

अँधेरे में
दुबक रही हैं
लड़कियाँ नदी–तालाब–कुआँ
घासलेट–माचिस–फन्दा
ढूँढ़ रही हैं

और इसी वक़्त
एक लड़की चेहरे की कोमलता बाबत
रेडियो से नुस्खा बता रही है

और असंख्य बच्चे
अँधेरे के बोगदे की तरफ़
दौड़ते जा रहे हैं
उनकी स्मृतियों में फिलवक़्त
चीख और रुदन
और गिड़गिड़ाहट की हिंसा है

उनकी आँखों में
कल की छीनाझपटी और भागमभाग का
पैबन्द इतिहास है

उनके भीतर शब्द–रहित भय
और सिर्फ़ ज़ख्मी आज है

पर वे शायद अभी जानते नहीं
वे पृथ्वी के बाशिन्दे हैं करोड़ों

और उनके पास आवाज़ों का महासागर है
जो छोटे–से गुब्बारे की तरह
फोड़ सकता है किसी भी वक़्त
अँधेरे के सबसे बड़े बोगदे को।

## थोड़ी-सी दिक्कत थी हम दोनों के बीच

जो मेरे पास
होती थोड़ी-सी ज़मीन
तो बनवाता एक झोंपड़ा
कुछ ईंटें ले आता कुम्हार से उधार
सिर्फ़ मेरे पास बाँस ही तो नहीं है

उसने कहा और मैं सोचता रहा
जो मेरे पास होते बाँस
दे देता इसे
ईंटें ले आता यह कुम्हार से उधार
तैयार हो जाता एक सुन्दर-सा झोंपड़ा

फिर हम दोनों देखते रहे
समुद्र, आकाश और अनन्त पृथ्वी
ये तीनों किसी के नहीं थे
इसलिए हमने कहा–
अपना है समुद्र और आकाश
अपनी है पृथ्वी

अपनी मुट्ठी, आँखों या भुजाओं में
बाँध नहीं सकते थे हम तीनों को
बेच भी नहीं सकते किसी को
समुद्र का कोई हिस्सा
टुकड़ा आकाश या पृथ्वी का
इस तरह हम दोनों स्वामी थे अनन्त के
सिर्फ़ उसके पास ज़मीन नहीं थी
और मेरे पास बाँस नहीं थे

इसीलिए झोंपड़ी बनवाने में
ज़िन्दगी-भर के लिए
थोड़ी-सी दिक्कत थी हम दोनों के बीच।

## हाई पॉवर नंगे बस्तर को कपड़े पहनाएगा

मेरे ख़यालों में क्या कुछ नहीं था
अस्थियों के अस्त्र
और काँसे की प्रतिमाएँ
खोखर के मुखौटे
गोदने की भूलभुलैया
सूरज के पत्थर
और चाँदनी की साँवली वनकन्याएँ

पर यहाँ थाना गुड़ी में
दूसरा ही हड़कम्प
चोंगी फूँकता दगड़ू बड़बड़ाता है–
फूँक रहे हैं स्साले सरकार का पैसा
इनमें वो भी शामिल हैं
अब सफ़ेदपोश
लेकिन कभी एक चूहे की खातिर
बीघा-भर ज़मीन तहस-नहस करने वाले
अपने ही बस्तर के

देखने आया था उनको
जिनकी मुट्ठियों में कैद थी जंगल की आग
अदृश्य होते देखा था जिन्होंने विशालकाय पशुओं को
मेरे सपने में थी
इन्द्रावती के हाथी-भर पानी में नहातीं

असंख्य आदिम गाथाएँ
घोटुल के मायावी उजाले में
विकट विनोद करती युग्म आकृतियों का
बारहसिंगा की परछाइयों-सा खेल
था बहुत कुछ
स्तनों से आलोकित लपटों में
और लपटों से प्रकम्पित होंठों पर
चहलकदमी करता हुआ संगीत

पर मैं देख रहा हूँ
बस्तर के जंगल में जन्मांध अँधेरे का दमा
पेड़ों पर टँगे घोंसलों में कैद
चिन्ताओं के छिन्न-भिन्न केंचुल
इन्द्रावती के पानी में ऊभ-चूभ होती हुई गुमनाम सिसकियाँ

कहाँ है हमारा गाढ़ा ख़ून
हमारा पैतृक मस्तक
स्वाभिमान से दमकता हुआ
पसीने को पीता
आदमी का लोहा यहाँ
पेड़ रेहन पड़े साहूकारों के बहीखातों में
बहीखातों में बन्द चलती-फिरती हड्डियाँ
जकड़े हुए तिजोरी में
गोश्त और भूख की आँतों के गुच्छे

सोचता हूँ मैं
क्या चीज़ों को धुँधला कर दूँ थोड़ी देर के लिए
या उधेड़ने लग जाऊँ चमड़ी अपनी
अथवा बखिया उधेड़कर रख दूँ शब्दों की
या अपने को बेचकर आ जाऊँ

आलू-निगम के अध्यक्ष के दरबार में
नहीं, नहीं, यह सब नहीं
पत्थर से पत्थर को रगड़ना
बेहतर होगा इस वक़्त
इस वक़्त आग की जुगाली
और ख़ून में लगातार दौड़ती स्मृतियों को
जिलाए रखना ही बेहतर होगा
तभी रोड बाबू आता है धमकता कहते हुए
दिमाग रक्खा रहता है स्सालों का
बहुत नाज़ुक खोल में
कौन लाएगा पानी, कोंदा
नहीं साला गूँगा-बहरा है
खजुआ रहा खाज के मारे
विहँसते रहे फार्म मैनेजर फिर बोले
धन्नू के घर आगे
मिट्टी-मुरम डलवा दें
हाई पॉवर कमीशन आएगा
दिल्ली से बस्तर के जंगल की जाँच पर
ध्यान रहे दचका नहीं लगे भैया
हाई पॉवर के भेजे को

हाई पॉवर देखेगा बस्तर के ऊँचे दरख़्त
हवा बस्तर की फेफड़ों मे भरकर
हाई पॉवर बटोरेगा बस्तर की
आदिवासी कला के नमूने
ड्राइंग रूम में रक्खेगा सजा के
धातु की हिरन-मुख वाली खूँटी राजधानी जाकर

अबके फिर मुरगे पकेंगे
मन्द और सल्फी की हांडी फूटेंगी

माद्री की थाप पर थिरकेंगी बस्तर की लड़कियाँ
भीमगे भाट्साब हँसकर बोले–
'ब्लाउज़ नहीं पहनेगी कोई भी लड़की
चाहे दो भी हों उसके पास'

दगड़ू ने देखी हैं चीते की आँखें
आदमी की आँखों के भीतर से छलाँग मार
मांस के जंगल में धँसते
तोड़ी की हुकूमत के साथ
नाचेंगी लड़कियाँ सारी रात
ज़ुल्म की आरी के नीचे चिराता हुआ
उनका पूरा दिन
दुबककर रह जाएगा महुए की छाँह के पीछे

कितनी उमंग थी मेरे मन में
अपने आदिम घर को देख लेने की
थोड़ी-सी अपने पुरखों के जीवन में झाँक
जंगल और आदमी के रिश्ते को बाँच लेने की
पर फार्म मैनेजर को काग़ज़ आया है तहसील से
तहसील को ज़िला से
ज़िला को राजधानी से
कि हाई पॉवर की तश्तरी में
पेश करना है तुमको
हँसता-गाता-फुदकता बस्तर

कोई नहीं जान पाएगा कभी
इस बीहड़ में अँधेरे के
ज़िन्दगी को सहारा मिला कितना कब कहाँ
दफ्तरों, अनुविभागों, तहसील-मुकामों
और कल्याण के महकमों के रहते

दगड़ू सुनाता है किस्सा
कैसे जुर्माना किया था साहब ने
दुरगा के मुरगे के दुस्साहस पर
जो जा टकराया था साहब की जीप से
टकराकर जीप से साहब की
जान गँवा बैठा था अनाड़ी मुरगा
पर दुरगा को देना पड़ा था हर्जाने में
दूसरा साबुत ज़िन्दा फड़फड़ाता एक
हाई पॉवर को दिखाना पड़ेगा साब
आदिवासी स्कूल
चिड़ीमार प्राचार्य–प्रधानाचार्य पहले
खुद को पहुँचाएँगे पढ़ाई के मुकाम पर
फिर इत्तला दी जाएगी माट्साबों को
जग्गू दौड़ेगा टॉर्च चमकाता
रातोरात महका, पालकी, बिजली आदि गाँवों में
लड़कों को आने की कहेगा–
पहनकर अच्छे कपड़ा भइया आना है बखत पर
फिर मन्द ठूँस आधी रात लौट आएगा जग्गू

अनन्तराम को नाश्ता सजाना है
अनन्तराम को डिनर पकाना है
एस.डी.ओ. साहब की बीवी बताएगी
दही कोंडागाँव से
मटर जगदलपुर से
बंगाली मिठाई पंखाजुर से
मन्द और मुरगा
मोहने वाली मैना के जंगल से आना है

फार्म मैनेजर कहते हैं एक ही बात–
बस भइया पटवा देना महका रस्ते के गड्ढेमन

हँसी–ठट्ठा नहीं है
भेजा है अपने हाई पॉवर का
धक्का नहीं लगे तनक भी
आएगा आदिवासी राहत के तीस साला ऑडिट पर
मुलक का खज़ाना है हाई पॉवर
अपने नंगे बस्तर को कपड़े पहनाएगा

मैंने सपने के पत्थर को उठाकर
भूखी खुशी से झुलसे दिन की
सान पर रख दिया है
और अब चिनगारियों में
पुनर्जन्म नहीं ले सकती पुरखों की वैसी दुनिया
पर इतने अँधेरे को कटना ही पड़ेगा
सोचता हूँ कटेगा कैसे यह
लपटों के जलते धनुषों के बिना

दस बरस में चमक जाती है
घूरे की किस्मत भी
पर तीस बरस से यहाँ तो
वैसा–का–वैसा ही अँधेरा है
बस्तर तो घूरा नहीं
पिंजरा है मोहने वाली मैना का
बस्तर तो मादल है
हवा की पीठ पर बजता हुआ
बस्तर तो टाँगई है समय के कन्धे पर
झूलती हुई
महुए के फूलों के साथ
कब से चू रहा है धरती पर
बस्तर का जीवन–रस

चू रहा है धरती पर बस्तर का जीवन-रस
सूरज के बचपन से
पर कोई खून पी रहा है
पी रहा है खून कोई
शताब्दियों की जिह्वा
और तेन्दुए के स्वाद से

सुनो शहरों के लोगो
सुनो कपड़ों के लोगो
मशीनों, शब्दों, विचारों के लोगो, सुनो
अपने इसी बस्तर का
हल्दी मंडा पंजा अब
पपड़ी-सा टूटकर बिखर रहा है
देखो
बस्तर की पीठ पर
कितने ही चाबुक के निशान हैं

पुरुष-भर घास की भूलभुलैया में
असंख्यों पुनर्जन्मों और
उतने ही दुःस्वप्नों के बीच
संगीत का कलेजा
चट्टान की तरह खड़ा है
चट्टान की छाती में पानी बज रहा है
पानी में इच्छाओं की मछलियाँ
निरन्तर बच रही हैं
बंसी के काँटों से टकरा-टकराकर
पृथ्वी के स्तनों का दूध पीते हुए
मनुष्य की जिजीविषा
सूरज की तरफ़ मुड़ रही है

पर सूरज मुड़ रहा है द्वीपों की तरफ़
पाखंड के पहले से ही जगमगाते
शहरों की तरफ़
जहाँ नदियाँ तावीज़ में बन्द हैं
और यहाँ सत्य उकडूँ बैठा
मटकी से मन्द पी रहा है
चन्द्रमा की कन्याएँ छायाओं की गठरी में
बन्द पड़ी बड़बड़ा रही हैं

मैं आवाज़ के कुएँ में
आग भर रहा हूँ
सुनो धरती का जिन पर ज़रा भी कर्ज़ा है
सुनो
यह दर्पण नहीं है
और न ही अँधेरे में कहीं
आतिशबाज़ी हो रही है
दगडू चांग देव! चांग देव!! चिल्ला रहा है
देखो हाई पॉवर
डिनर खा रहा है
थकी हुई लड़कियाँ नाच रही हैं
नाचती ही जा रही हैं
और समय के स्मारक को
भेड़िए खिसका रहे हैं
पीले बुखार-सी बदरंग होती छाया में
खड़े होंगे वे ही एक दिन
जंगल को थर्राने वाले आदमकद तन जाएँगे
कब तक देखते रह सकेंगे वे
उनकी ही हड्डियों पर खड़े किए हैं

आलीशान महल डंडीमार बनियों ने

करोड़ों का हिसाब चुकता करना है उन्हें
शताब्दियों का, पेड़ों का, असंख्य
पीठ पर पड़े चाबुक के निशानों का
गोश्त का हिसाब, खून का
साँवली वनकन्याओं की चीख और सिसकियों का
नंग-धड़ंग बच्चों के फूले हुए पेट
और बूढ़ी नंगी देहों की
आत्मा की झुर्रियों का हिसाब।

## इधर मत आना...यह काटीगाँव है

इधर भूलकर भी मत आना भइया
यह काटीगाँव है
अपनी पवित्र धरती पर ही पृथ्वीपुर इलाके में
यहाँ गांधी-वांधी की कोई मूरत नहीं
ज़च्चाखाना-थाना-स्कूल जैसा लफड़ा भी नहीं
आदिवासी कहाते हैं यहाँ के बाशिन्दे

इधर कोई रथ-गाड़ी-जत्था मत घुसने देता
कोई भी देवदूत-सन्त-शैतान-माफिया-महामहिम
धन्ना सेठ-नेता-वेता
चाहे हो उड़नखटोले, हाथी-घोड़े पर सवार

दो प्रवेश द्वार गाँव के
दोनों पर रोती-बिखलती-भूखी
बिल्लियाँ काट रहीं रास्ता दिन-रात
इन्हीं के विलाप में पक रहे

भूख के वास्तविक अँधेरे से पटा है काटीगाँव

किसी महाराणा प्रताप-व्रताप के वंशज नहीं ये
न ही कोई स्मृति-उत्सव, न किसी गिनीज़ बुक में
नाम दर्ज कराने को बेताब
फिर भी महीने-भर से घास की रोटी
खाने को मजबूर अपने काटीगाँव के लोग

जो होता बाढ़-भूकम्प जैसा इलाका कोई
तो आते पुष्पक विमानों से राहत की पोटली
टपका जाते भाग्यविधाता
पर मुद्दत हुई काटीगाँव में दर्शन देने
नहीं आया है अन्न का एक भी दाना

वह तो भला हो दूर के दर्शन कराने वालों का
पता नहीं कितना कुछ भव्य-दिव्य
चमकाने के बीच दिखा दिया
यह विपन्नता के निचोड़ में डूबा दृश्य दारुण
इधर-उधर दालान में सन्नाटे के अन्धत्व से घिरे
गूँगों की तरह झुके बाल-बच्चों सहित
घास की रोटी खा रहे काटीगाँव के लोग

पन्तप्रधान मनमोहन जी! जल्दी बुलाओ मैडम राइस को
दिखाओ झाँकी काटीगाँव और ऐसे लाखों गाँवों की
हाँ! ज़ायका इंडिया का बताने वाले
शहर-दर-शहर जाकर देश के वास्ते
ठूँस-ठूँस कर भकोसते पेटू भइया को इधर मत आने देना
ले लेगा मुँह में ग़लती से जो निवाला एक भी
बेहोश हो जाएगा

अलबत्ता आ जाए दीदी महाश्वेता
बैठ जाए जीमने
और तोड़ टुकड़ा घास की रोटी का
पूछ ले काए से खाऊँ इसे
और कह दे अकस्मात् बुढ़िया कोई
आँसू टपकाकर–भूख मिलाकर खा ले माई
तो क्या यह दुबारा
धरती फट जाने जैसा नहीं होगा?
हमें भले दिखाई न दे
पर यह हो रहा है
धू-धू कर जल रहे हैं
हमारी आवाज़ों के घर...

उजाड़ में है सामने
एक विराट् ताबूत जैसा ढाँचा
इसमें भी राजनीति–संस्कृति–लोकतंत्र
आदि को लेकर प्रेत कर रहे हैं
शिलान्यास, उद्घाटन, पुरस्कार–वितरण और लोकार्पण
घास की रोटियों के जीवाश्मों का।

## माफ़िया सरगने की गोपनीय हिदायतें

[1]

डर पैदा करो
भयभीत लोग जब बड़ी तादाद में इकट्ठे हो जाएँगे
तो ख़ून–खच्चर–आगजनी का फ़ायदा मिलेगा
हर वक़्त हमें लोहा लेना है अमन–चैन से
सुरक्षित मानसिकता सबसे बड़ी दुश्मन है

इसके विरुद्ध पर्चियाँ, पेम्फलेट, गुमनाम ख़त, टेलीफ़ोन
और अफ़वाह फैलाने वाली कानाफूसी
सबसे कारगर हथियार है
पेट्रोल और आग घरों और इन्सानों पर ही काफी नहीं
उनके सोच, सपनों और नींद तक पर हमले की
सूक्ष्म कार्यविधि पर अमल हो

होना यह चाहिए कि लोग कुछ भी तय न कर पाएँ
असमंजस अटकलें, अफ़वाह से बस्ती और बाज़ार ही नहीं
आदमी के भीतर का चप्पा-चप्पा गर्म रहे
असल मक़सद है डर पैदा करना
फिर आग अपने करतब खुद दिखाएगी

[2]

पिछली हिदायत के क्रम में
ज़रूरी है याद रखना
कि भयभीत दिखते हुए
डर पैदा करना प्रभावी होगा
ऐसे कि हर कोई अपनी ही आवाज़ और छाया से डरे
और यह ज़ाहिर होते रहना चाहिए बराबर
कि हमारा जीवन अपने लिए क़तई नहीं है
राष्ट्र, देश, जनता के लिए ही
उपद्रवी होने को अभिशप्त हैं हम
रणनीति और अन्तिम लक्ष्य के प्रति चुप्पी शाश्वत
भीतर सरगना खड़खड़ाते रहेंगे अस्थि-पंजर
बाहर उत्तेजित करती रहे
प्रभामडल के बीचोबीच वाली नकली चकाचौंध
बस ध्यान रहे इतना घड़ी चलती रहे लगातार
और सही वक़्त कभी न बताएँ।

[3]

भूमिगत गुप्त बैठक के दौरान
आधुनिकतम प्रविधियों के ज़रिए दिखाए गए थे
इन्सान के बीच सुरंग लगाने के उपाय
और ख़ासतौर पर वह हिस्सा
जहाँ याददाश्त के इलाक़े में पलीता लगाते हुए
उभारा गया था वृक्षारोपण समारोह का दृश्य
बस यही तकनीक
कि लोग सब कुछ भूलकर प्रसन्नचित गाने लगे
और झूमते-झूमते हो जाएँ बर्बर
फिर शुरू हो जाए मारकाट-आगजनी
नेपथ्य में हो जाएँ हमारे लोग
टूटे नहीं कमानी पर सन्तुलन बिगड़ जाए
यही नाज़ुक खेल सावधानी से।

[4]

आक्रामक जुमलों से हुए खामियाज़े से
सबक लेना होगा
भाषा के प्रति रवैया बदलना है
फूल को पवन-झकोरे महक
बच्चों को गुब्बारे-पतंग
और औरतों को सुहाग-ममता जैसे मुहावरों से
ज़हर देने की महारत हासिल किए बिना
हम वहाँ तक नहीं पहुँच सकते

शब्द स्वत: चालित मशीनगनों से निकले ज़रूर
पर लगें देववाणी
बरसें पूजा के फूलों की तरह

और देखते ही देखते कर दें ठार सैकड़ों को
स्थायी विध्वंस के लिए भाषा के ऐसे प्रयोग में
थोड़ी प्रार्थना और थोड़ा संगीत
शामिल करने का सुझाव दिया है
सरदार गोपनीय क्रमांक एक ने
मालूम हो।

[5]

साफ़-साफ़ कह दिया गया था
कि हरकत में कुछ भी न बचे
सिर्फ़ लपटों और धुएँ के सिवा
चीख़ तक नहीं मुँह में डुच्चा दिया जाए
पत्थर हो जाए आँखों में आँसू
होंठों पर कातर पुकार
चेहरे पर दहशत
बचाओ का चीत्कार टूटे पंख की मानिन्द
लटक जाए वहीं होंठ के नीचे

पर मिले हैं सबूत लापरवाही के
हिल रहे थे कटे स्तन बह रहा था दूध
पास ही फड़फड़ा रहे थे बच्चे के चीथड़ा होंठ

पहली आपत्ति हरकत में पाया जाना इनका
दूसरे कोई शिनाख़्त नहीं बची
हलाक हुए माँ-बच्चे की
मुश्किल हो रहा था मर्दुमशुमारी में
इनकी धर्म जाति भाषा जान पाना
इस बाबत सख़्त चेतावनी दी है ऑपरेशन प्रकोष्ठ के
सरदार क्रमांक दो ने

क्योंकि गड़बड़ा जाते हैं आँकड़े
किस खाते में डाला जाए ऐसी वारदात को?

## पुराने घरों की बिल्लियाँ

घरों को इसी तरह होना था
जिस पर वश नहीं था किसी का
चूल्हा ग़ायब हुआ
ठंडे चूल्हे की गरमी में सुरक्षित
बैठी रहती थीं पुराने घरों की बिल्लियाँ
पुराने घरों की बिल्लियाँ पुरखन की तरह
अँधेरे दालानों में प्रशिक्षित करती थीं
अपने नवजातों को शिकार के लिए
अधमुँदी आँखों से हरकत करने से लेकर
झपट्टा मारने
चपल चूहों की छलाँग पर
काबू पाने की मुस्तैदी तक के लिए तैयार करती थीं

उनकी चतुर रणनीति
और अनुभवी मौजूदगी के साए में ही
बच्चे समझते थे कुत्तों के भौंकने का अर्थ
पहचानते थे दूध का स्वाद
सीखते थे देह चुराने और
आँखें तरेरने के रहस्य

कभी-कभी संस्कृत पंडितों की-सी स्मृतियों के साथ
शास्त्रार्थ का माहौल बना देती थीं पुरखन बिल्लियाँ
जब वे गुर्राने लगती थीं शेरनियों की तरह

और साफ़ बचा ले जाती थीं
दुश्मन के चक्रव्यूह से अपने नवजातों को

बिल्ली माँओं का पैंतरा बदलना
गद्दीदार पंजों से
पीछे हटकर अकस्मात् लपकना
और तेज़ी से चढ़ जाना ऊपर

खपरैल गिराते हुए मुँडेर लाँघना
और फिर भूलकर सारा वैमनस्य
चतुर बहुओं और घाघ सासों की
जरा-सी गफ़लत का भरपूर फ़ायदा उठाकर
दूध चट कर जाना

अब तो इतिहास में दर्ज़ हो चुका है
यह पुरखन पुराण
अब कहाँ वैसा दूध वैसे दालान
मँझोटे और खपरैलों वाले ठंडे घर
कहाँ वैसी बिल्लियाँ
जो अपने शिकार के साथ करती थीं ठीक वैसा आचरण
जैसा आज भी कुछ कवि करते हैं शब्दों के साथ।

## ट्रकों में बकरों की लदान

छाती तक कद्दुओं से भरे ट्रक में
बकरों की लदान
एक करुण दृश्य था
जो निपट गया पाँच-दस मिनट में

थाने के सामने ज़िन्दा बकरों को चढ़ाया गया
पुलिस वाले हँस रहे थे

और ट्रक का ड्राइवर सींगों और कानों से
खींच दचीक रहा था उनको जैसे-तैसे
आदिवासी पसीने में लथपथ
मन-डेढ़-मन के बकरे को नम्बर से
सौंपता जा रहा था
कद्दुओं के ऊपर बिछी टाट-पट्टी पर
निस्सहाय पड़े बकरों की हड्डियों तक से
निकली चीख़-गुहार से
तप रही थी ठंडी दोपहर
और क़स्बे के इतने शान्त इलाक़े में
जुहार दादाजी जैसा कुछ गूँज रहा था
नीचे खड़े बकरे होश गुमा बैठे थे
और अपनी जातीय आवाज़ के सबसे
गिड़गिड़ाहट भरे मुक़ाम पर
किंकर्त्तव्यविमूढ़ हो गए थे

बस्तर के बकरे रायपुर देखेंगे
रायपुर से पहुँचेंगे शायद
विजयवाड़ा-मद्रास के बूचड़खाने में
यह संयोग ही था
कि लदान थाने के सामने हो रही थी
और मुझे बकरी का गुनगुना दूध पीते
गांधी के चेहरे की चमक याद आ रही थी
तभी करंट की तरह दौड़े इस ख़याल ने
हतप्रभ कर दिया मुझे
इसी वक़्त यहीं
बकरे की जगह आदमी भी हो सकते थे
बकरों की तरह ट्रक पर मनुष्यों की लदान
और हँसते पुलिस

और चुपचाप सबकुछ देखते हुए सैकड़ों लोग
मैं क्या कर पाता उस वक़्त
थाने के बावजूद?

अभी नहीं थे
पर सहसा याद आया
एक दिन थे जीवित नहीं मृत आदिम सैकड़ों
शाही प्रकोष्ठ में इसी तरह हुई होगी
ट्रकों में उनकी लदान
चीख़ का एक भी कतरा नहीं तैरा होगा हवा में
बेआवाज़ धुएँ में तब्दील हो गई होंगी हड्डियाँ
और मैं धूप के बाहर
आर्त्तनाद की गुफा में चला गया
समय के बाहर
बर्फ़ के टुकड़ों की तरह जमती आग में।

## आकाश की जात बता भइया

धूँ-धूँ कर धधकती फैलती आग
भाइयो यहाँ तो पीने के पानी का अकाल है।

मारकाट-चीख़-पुकार-भगदड़
बहनों यह तो दूल्हाचार और बन्ने गाने का मौसम है।

दूध और गेहूँ के इश्वर कौन है भइया?
आम और तरबूज का कौन-सा मजहब है?
पानी
आग
हवा की जात कौन-सी है भाई?

कोई जवाब नहीं देता
सिर्फ़ ठहरे आँसू
और होंठों पर काँटेदार कँपकँपी है।

अँधेरे से निकलकर आते हैं वे
और घरों को सड़कों पर
चकनाचूर कर देते हैं
मज़हब की किताबों के पन्ने
फाड़कर चबाकर आते हैं वे
और धड़कनों की फसलों को
आग चाकू फरसों की पाशविक हिंसा के
हवाले कर देते हैं।
धुएँ के पहाड़ में
घबराए बच्चे माँओं को
और बदहवास माँएँ बच्चों को पुकारती हैं।

इस पुकार को जो रौंदते हैं जूतों से
वे सिर्फ़ बिके हुए मज़हब के दलाल हैं
कुर्सी-तिजोरी के सामने मस्तक नवाते शैतान
मुट्ठी दो मुट्ठी नोटों को जेबों में ठूँस
बोतल दो बोतल शराब के सहारे
कुर्सी-तिजोरी और शोषण-पाखंड के
गढ़ों की नीवों को पुख्ता करने के खातिर
फायदे का वक़्त और मौक़ा ढूँढ़कर
जीवन संघर्ष के सरोवर में ऐसा ख़तरनाक ज़हर
मिलाते हैं
कि अन्न और पानी और अक्षर के लिए
जूझते लोगों की दुनिया में
बेहोशी छा जाती है।

मौत की बस्ती के अँधेरे में इतिहास फिर से लँगड़ाने
लगता है
टूटी हुई सीढ़ियों के नीचे
बिन होंठों के बच्चे
बिन स्तनों की माताएँ
अपाहिजों तक की मृत देहों के क्षत-विक्षत
टुकड़ों से टकराता इतिहास
जहाँ भी लकड़ी खटखटाता है
वहाँ खून का थक्का
या भाषा की राख का ढेर ही होता है।

अफीम की सुरंग से निकलकर
फिर शुरू होता है सत्य के लिए
गहरी नई कब्र खोदने का ख़तरनाक तमाशा
धर्मों के ठेकेदार मन्दिर-मस्जिद-गुरुद्वारे के
आँगन में गहरे गड्ढे खुदवाने लगते हैं
फिर भाईचारे का नाटक और नेपथ्य में नशे के लिए
ठेकों की नीलामी शुरू होती है।

कोई नहीं सुनता माई की पुकार
जो छाती कूटती पूछती है बार-बार
कहाँ गई बेटी मेरी
कहाँ मेरा घर-दुआर

समुद्र को टुकड़ों में बाँटने वालो
मनुष्य की विपदा के मलबे को
अख़बारों से ढाँपने वालो
जवाब दो माई के सवालों का
लहुलुहान माथे को नोंचती
पूछ रही माई—

आकाश की जात बता भइया?
धरती का धरम बता?
धुएँ के पहाड़ में पथराई आँखों की
चुप्पी के ईश्वर का नाम बता?

## राष्ट्र के दुश्मनों की सूची

देवियो और सज्जनो!
राष्ट्र के दुश्मनों की सूची के बारे में
सोचना सतर्कता हो सकती है
पर ख़तरनाक इतनी कि हम
घिरे लगेंगे दुश्मनों से
तो सर छिपाएँगे क्या
भाषणों की भुरभुरी गोद में
स्वास्थ्य के लिए क्या घातक नहीं है यह विचार
जो विचार घातक है, नागरिक स्वास्थ्य के लिए
दुश्मन है राष्ट्र का

फिर भी देवियो
जो जुटा ही ले संकल्प रतजगे का
तो क्या शुरू करेंगे ऋतुओं से
गर्मी में मच्छर और पानी के नाम पर कीचड़
बरसात में मक्खियाँ और बाढ़
जाड़े में खटमल और
जनसंख्या वृद्धि का खतरा
क्या इन्हें मित्र मान सकते राष्ट्र के?
सज्जनो!
फिर पुश्तैनी झगड़े यानी इतिहास
अशिक्षा, डाकाजनी, परमिट, दहेज

आत्महत्या, कालाधन, अय्याशी
मदमस्त मतदाता
पदमस्त पदपाता
पदान्ध, मदान्ध मोहान्धों की
आपाधापी

भगदड़–लूट खसोट की टहनियों पर
फलते–फूलते अपहरण, हत्या
बलात्कार के
त्रिगुणी तत्व और भक्कास उजाला
स्याह सिक्कों का
नीली नदी में श्यामा लक्ष्मी का
आपादमस्तक विहार
सज्जनो!
बेहतर यही कि चुप ही रहूँ मैं
देवियो! आप भी मुँह न खोलें
क्योंकि इस तरह बन ही नहीं सकती
राष्ट्र के दुश्मनों की फेहरिस्त

इसमें जुड़ते जाएँगे धर्म
जाति–भाषा–प्रदेश–सम्प्रदाय के प्रपंच
बढ़ती ही जाएगी पूँछ हनुमान की
और यदि सबसे आसान और अस्पष्ट
असामाजिक तत्वों जैसे दुश्मनों के बाद
आ ही जाएँगे व्यक्तिवाचक नामों तक
तो भद्रजनों–प्रतिष्ठितों–महामहिमों
और पीठासीनों के साथ
क्या शामिल नहीं हो जाएगा
आपका–मेरा नाम

सचमुच यह कठिन और शर्मनाक प्रक्रिया
इससे तो समूचा राष्ट्र ही
साबित हो जाएगा राष्ट्र का दुश्मन
तो तजता हूँ यहीं यह ख़तरनाक विचार
आसान इससे राष्ट्र के हितैषियों की सूची
करूँ तैयार
पर यह क्या?
अँधेरे के महासागर में मणियों से
चमकते दिख रहे जो हितैषी
उनमें भी वे ही डकैत, हत्यारे, दलाल
देखो दूसरी बार दिख रहे
शामिल इसी गरिमामंडित गिरोह में
अपने एक नहीं कई-कई डोमाजी उस्ताद

थरथराते हुए सोचता हूँ
किसकी रक्षा के लिए
अपनी या राष्ट्र की
आवेदन करूँ कहाँ?
किस भाड़ में जाऊँ
फूटने के लिए अकेला चना...।

## पत्थर फेंक रहा हूँ

बाघों को देखने गए हमारे दयालु प्रधानमंत्री
इधर नहीं आए झाबुआ-धार के इलाके में
जो आदिवासी बच्चों के नसीब में होना होता बाघ-बच्चों जैसा
तो इनका भी नंबर आता

जंगल के हीरे हैं ये वन्य पशु
प्रकृति की विलक्षण सौगात

पर ये बच्चे करोड़ों चिथड़ों में तरसते दाने-दाने को
इनका भी तो कोई धनी-धोरी होना चाहिए महाराज

सुन्दरवन में बाघों की गिनती होगी
बारनवापारा में बढ़ा-चढ़ाकर बताई जाती है इनकी संख्या
पिछले दो सालों में
सरिस्का में दस बाघ मारे गए
वैसे कहने को अवैध शिकारियों से मुक्त हैं हमारे जंगल

और इधर जंगल के बाहर वैध शिकारियों से
पटा पड़ा है अपना मुल्क
जहाँ सुबह-शाम-हज़ारों बच्चे जूठन की कीमत पर
होते रहते हैं शिकार
खुली गाड़ी में बैठ इन बच्चों पर भी तो
कृपा-दृष्टि की जा सकती है श्रीमान!
चोरी-चकारी, नशाखोरी की सुरंग
और अपराध-कुकर्मों के बीहड़ में घुसते-धँसते
होते ओझल असंख्य बच्चे
ये भी तो सन्तानें हैं जंगल के जन जरायमपेशा पूर्वजों की
इनका ज़ख्मी इतिहास-वर्तमान नंगा इनका
इन्हें भी तो मिलना चाहिए आपके दर्शन का इन्साफ़
इनके लिए कोई जीव-दया-समिति-टास्क फोर्स
रोटी-अक्षर बाँटने वाले महकमे की शाखा कोई
पर आपके आला अफसरों की किस्मत में कहाँ नेक काम
और सच्ची मदद खिदमत-आदमियत के मौके
वैध प्रतिष्ठित लुटेरों की अगवानी-सत्कार-हिफाज़त
और भरी-पूरी सम्पन्न पहुनचारी में
खप जाती सेवा-ज़िन्दगी इनकी
बची-खुची अपना घर भरने मौज-मस्ती में

कहाँ बाघ कहाँ पिछड़े-उजाड़ इलाकों के ये बच्चे

अपनी आदत से मजबूर
पत्थर फेंक रहा हूँ
जिनसे फूट रही हैं
जलते शब्दों की चिनगारियाँ
फेंकता रहूँगा श्रीमान्!
क्योंकि आपकी दिलचस्पी बाघों में
और इतनी चिन्ता देख
मेरे भीतर इन फूटे नसीब बच्चों का
उमड़ने लगा हाहाकार
मैंने सोचा असंवैधानिक कतई नहीं होगा
इस तरह से आपको
इस तरसते अबूझमाड़ में आमंत्रित करना।

## नागझिरी

[1]

मैं नागझिरी क्यों आया था, क्या ढूँढ़ने
मैं उस गायब को छू नहीं सकता था
जो कभी सत्य था यहाँ सूरज की रोशनी में
मैं देख रहा हूँ
भूख और प्यास की गहरी छायाएँ
पर उनमें भी धँसा नहीं सकता अपने पंजे
मेहमानों जैसी फूस की छतें
घायल कबूतरों की गरदनों जैसे लटक रहे
बौने घरों के दरवाज़े
हिचकी ले रही है एक बूढ़ी औरत

और खटाखट दचीक रही है हैंडपम्प का हत्था
जो बिगड़ा हुआ है
पता नहीं उसे याद कर रहा है कौन-सा समुद्र
अभी तो नहीं टपक रही टोंटी से, पानी की एक भी बूँद

[2]

इसी नागझिरी ने देखा होगा प्रलय
तीन हज़ार साल पहले
और तब पहाड़ियाँ बन गई होंगी द्वीप
अब अदृश्य हैं भूगर्भ में झुर्रियाँ
पसरा है थका हुआ और आतंकित भूखंड
बस हैं टीले बिन कहानियों के
जिनके नीचे बन गए ओटले
एक ओटले पर पत्थर ही पत्थर
जितने पत्थर उतने ही सिन्दूर पुते देवता
कुत्ते सोए हैं जिनकी बगल में
गोचड़ी चूसती है खून तो फड़फड़ाते हैं पूँछ
कभी काटने लपकते खुद की ही देह
सिन्दूरपुते देवता कुछ नहीं करते, देखते रहते हैं
और छोटे बच्चे धूल-मिट्टी डालते हैं
पोस्ट बॉक्स के सुराख में
जो ठूँठ की छाती पर
किसी देवता की ही तरह लटका रहता है

[3]

नंग-धड़ंग बच्चे दौड़ते हुए खेल रहे हैं जहाँ
वहीं सघन झाड़ियाँ थीं एक दिन
औरतें जिस कुएँ से उलीच रही हैं पानी

वहीं कहीं होगी क्या नागझिरी
कमर तक घास में से उठते सुनहरे सर्प-युग्म-मिथुन को
देखा होगा जिनने उनमें से कोई नहीं बचा है
सावन-भादों की दुपहर में हवा और पानी को परस्पर मथते देख
कैसे काँटे उमचते होंगे उनकी देहों पर
अब कौन बताए
अभी तो पत्थर के साँप को
गेंदे के फूलों से ढकती गुमसुम लगती हैं बच्चियाँ
और औरतें चमकाती पीतल के घड़ों को
फुसफुसाती हैं आपस में पाप की बातें
मेरी आँखें प्रवेश करती हैं
हवाओं के प्राचीन दालानों से गुज़रते हुए
जलाशयों के गुप्त मंत्रणा प्रकोष्ठों में
जहाँ पिघलता हुआ दिखाई पड़ता है लम्बा
और पंच धातु का शिरस्त्राण आग में कपूर-सा जलने लगता है

[4]

कुत्ते भौंकते हैं सारी रात अब यहाँ
और शोहदे दारू की खाली बोतलें जाते वक़्त फोड़ देते हैं
मैं ढूँढ़ता हूँ अपनी आत्मा का आदिम टुकड़ा
जो टूटकर बिखर गया है काँसे की झंकार में
जला हुआ अन्न धरती को कोख में गँधाता है
और काँसे का बजता हुआ वह घंटा
पता नहीं कितनी नदियों की गहराई में समाकर सुन्न पड़ गया है
सुन्न पड़ गई है नागझिरी भी
उजाड़ अपने वैभव से
गड़े हुए पत्थरों के भीतर ही शेष हो शायद
सर्प-गन्ध और संझा का संगीत

बाहर तो ठंडी हवाओं के झोंके
गिनती के बचे महुवे के पेड़ों को गुनगुना देते हैं
जो खड़े हैं देशी शराब की दुकान के ठीक पीछे

[5]

मैं अकेला, कोई नहीं साथ यहाँ
जहाँ आदमी रहते हैं, घर नहीं रहता
वहाँ नहीं, अभी रिश्ता वैसा जेब और बाज़ार का
न अदृश्य सीढ़ियाँ वे तरक्की की
जिनने खोखला कर दिया है तंत्र, लोक का
यहाँ नहीं, आसपास के मशीनघरों में आते हैं
सैकड़ों दाड़की की जुगाड़ में
दीया-बत्ती के बखत जो पस्त लौटते हैं
उन्हीं के लिए अलस्सुबह से
'चलो नागझिरी, नागझिरी चलो'
टैम्पों वाले आवाज़ लगाते हैं
पाइप फैक्टरी, पंचायती प्रेस के कर्मचारी
गोदामों के चौकीदार उचककर चढ़ते हैं
'चलो नागझिरी पचास पैसे में'
फ्रीगंज की सड़कों को रौंदते
दहशत में कँपाते टैम्पो दौड़ते जाते हैं

[6]

ठाकुर भरत सिंह की चाय की मढ़िया
अब पक्की बन जाएगी
नागझिरी में खुलने वाला है पहला बीयर बार
टूटी सन्दूकची और चिकनी बेंचों के सहारे
खूब चले 'बजरंग टी हाउस' और 'कैलाश पान भंडार'
मक्खियों के हमले से बच-बच मीठी गाढ़ी चाय के घूँट

और कचोरी चबाते हँसते-बतियाते थे खुश ग्राहक जहाँ
वहीं एक दिन अब बेयरे झुक-झुक के सलाम ठोकेंगे
टिप पाएँगे और फटी की फटी रह जाएँगी गाँव की आँखें
फिर गुज़र गई गुजरान, क्या झोंपड़ी क्या मैदान
इससे आगे नागझिरी, तुम्हारा ढूँढ़ा जाएगा नया नाम
किसी भी स्थानीय गांधी या नेहरू के नाम को पकड़कर
ठोक देंगे तुम्हारी छाती पर नए नामकरण का पत्थर
पुराने लोग कहते हैं दूसरी ही कथा
सुनहरे साँपों की छोटी-सी दुनिया थी नागझिरी
लम्बी चमकती मूँछों वाले
काली मिट्टी पर सोने की लहरें दौड़ने वाले नागों का लोक
जो बन गया है अभिशप्त एक खेड़ा
अब वर्तमान के परे देखने को मजबूर है समृद्धि का सपना
कहते हैं ईश्वर स्वर्ग में रहते हैं
पर कोई नहीं बताता स्वर्ग कहाँ?

[7]

ज़हर डसा जो भी आता था नागझिरी
नगाड़े बजते और नारियल फूटते
नीम के गुच्छों से होतीं फिर अमृत बौछारें
नाचते-उठते-गिरते-पटकनी खाते
कँपकँपी में दन्तकड़ी बँध जाती थी
और फिर हँसती निरोग काया के साथ लौट जाता था जनसमूह
उचारता जय नाग महाराज! जय नागझिरी!

[8]

नागझिरी के पटेल बा के घर आया है टी.वी.
और गाँव के लोग-लुगाई और बच्चे सब

समा नहीं सकते बैठक में तो रोज़ शाम
नीम नीचे सजा दिया जाता है बक्सा
और सब चकित देखते हैं नागझिरी के बाल-वृन्द, लोग-लुगाई
बीसवीं सदी की दुनिया के करिश्मे
फोटुओं में ढूँढ़ते स्वर्ग भूल जाते हैं बैठे जहाँ
वह कभी थी नागवंश की जागीर एक
सुनहरे साँपों की चमकती दुनिया

[9]

क्षिप्रा और महाकाल के इलाके में सुनहरे नागों का लोक है
नागचम्पा, महुवे के पेड़ों और नागफनी लदे
टीलों के बीच तो सोने के लालची
हथियारबन्द दौड़े आए सोने की खोज में,
और हुआ वही जो होता है
सोने के लुटेरे जो करते हैं सोने की चिड़िया के साथ
नाग-बेलियों और भक्तों की कातर पुकारों के बावजूद
दफ़न हो गई एक झटके में पवित्रता पानी की
नागमंत्रों का जादू सब मिट्टी हो गया
तहस-नहस संस्कृति सोने के दाने-से गेहूँ की
यहाँ रह गए मिट्टी के टूटे बर्तन और हाँफते घर
मिला था जो एक ताम्रपत्र शोभा बढ़ाता है म्यूज़ियम की

[10]

अब तो खड़ा होगा एशिया का सबसे बड़ा कारख़ाना सोयाबीन का
पानी के मोल की धरती बदल गई है टंच सोने के भाव में
आँखों में है सबके दस साल बाद का सपना
जब थिएटर और बड़े-बड़े होटल होंगे
फिर शुरू होगा विस्मृत को और विस्मृत करने का सिलसिला

सेंध लग जाएगी किंवदन्तियों के बचे-खुचे जखीरे में
तेजाजी का चबूतरा बच जाए कैसे भी भइया
बड़बड़ाती है बूढ़ी माँ और मैं सुनता हूँ किस्से
धरती हड़पने कुएँ के पास से
मोची-महारों को खदेड़े जाने के
तभी किसी अज्ञात पशु-शव की दुर्गन्ध से परेशान
सरपंच एक गाली देने लगता है
देशभक्तों और लोकसेवकों की खट्टी डकारों को
और कच्चे घरों के बीच तंग गलियों में
जीप एक भोंपू से फेंकती है संकट और उपाय
एक साथ जनतंत्र की रक्षा के
मैं आहिस्ता-आहिस्ता बढ़ता हूँ अपने पीले स्कूटर की तरफ़
अधनंगे बच्चे दौड़ते हैं जीप के पीछे, उड़ती धूल में
गायब होने के लिए

[11]

शहीद पार्क के पास
टेंपो वाले शायद कुछ दिन बाद नहीं कहेंगे—
चलो नागझिरी! चलो नागझिरी! पचास पैसे में,
नागझिरी लेने आते थे
दुखी लोग सुनहरे साँपों की केंचुल के अंश
कुँवारी कन्याएँ बाँझ औरतें मिरगी दमे के शिकार लोग
रखेंगे सहेजकर पास अपने
होंगी मनोकामनाएँ पूरी सब, कहते हैं पुरखे

[12]

एस्को कम्पनी से अब बनकर निकलते हैं बड़े-बड़े पाइप
पंचायती प्रेस से छपती हैं ज्ञान की किताबें

अवंतिका हो चुका है कब से नेताओं, पत्रकारों, डॉक्टरों, अफसरों
प्रोफेसरों और तिकड़मबाज़ों का शहर उज्जैन
और नागझिरी, एक टूटे हुए साज़ की तरह
पड़ा है दूर अवंतिका की जाजम से
एक खंडित सपना
चकाचौंध वाले दूसरे विराट् सपने के दरवाज़े को खटखटाता है

[13]

सफ़ेद नाग है अभी भी एक, दूध के रंग का, बड़ी-बड़ी मूँछें
दिखता है जब-तब और फिर गायब हो जाता है
बूढ़े दादा कहते हैं दिखें जब सफ़ेद नाग महाराज
बदन पर पहना कपड़ा उढ़ा दो उन पर
फिर उसे उठा पहनकर घर आ जाओ
पूरे होंगे सकल मनोरथ, पत्थर की लकीर यह
अभी भी कोई-कोई ढूँढ़ते फिरते हैं सफ़ेद नाग महाराज
पर कहते हैं रणछोड़ ने फेंका था कुरता
और पहन आया भी, पर उसी रात हुआ कत्ल उसका
मामला था इश्क-आशनाई जैसा कुछ

[14]

ईंट के भट्टे धधक रहे हैं, खड़ी होनी है सबसे बड़ी फैक्टरी
सड़क को पक्का करते दौड़ते हैं इंजिन
गैस के गोदाम से फैलती है अटपटी गन्ध हवा में
दिन-भर धरती को उपसते दौड़ते हैं ट्रेक्टर
अब नहीं होगा वंश सुनहरे साँपों का
नहीं बचा नागचम्पा का पेड़ एक भी
सिर्फ़ दो खड़े हैं महुवे के नशे में धुत, कहते हैं दोनों ही हत्यारे
दोनों पर लटकी मिलीं कई बार युवा लाशें

[15]

पूनम के दिन दिख सकते हैं सफ़ेद नागराज भैया
कहते हैं दादा फिर रुक जाते हैं उसी दम
रणछोड़ की हत्या को याद कर
हत्याएँ, आगजनी, खुदकुशी
चोरी और लूटपाट के किस्सों का धुआँ घेरने लगता है
खाँसते-खाँसते कहते हैं दादाजी
खत्म हुआ सब कुछ बची हैं बातें
फिर तेजाजी के चबूतरे को तकने लगती हैं
उनकी पानी में तैरती आँखें

[16]

हवा को घायल करते विराट् अस्थिपंजर
घर के उजाले को रोकते, ख़तरनाक पंजे
मस्तिष्क के भीतर टूटते आवाज़ों के दरख्त
रौंदते धरती का गर्भ, मशीनों के दाँतेदार पाँव
और नींद में भी कर देते छेद, समर्थ पीठासीनों के भेड़िया दाँत
और दूसरी तरफ़ उतने ही आदिम उजाले में
तैरते जीवन के सपने
दीवारों पर संझा के माँडने, आँगन में हल्दी की गन्ध
गर्भवती साँसों की उष्मा से पिघलता चन्द्रमा
दाना-पानी करते गाय-बैलों को सहलाते हाथ
धरती-आकाश को तकती उम्मीदभरी जवान आँखें
भूख के अँधेरे में भी चमकती रोशनी की प्यास

[17]

नागझिरी! मैं हूँ तुम्हारा भाट। तुम्हारी धड़कनों से स्पन्दित
दौड़ता मेरा रक्त

तुम्हारी पसलियों में धँसी किंवदन्तियों और पीड़ा के लिए
मैं नहीं सिर्फ़ शब्द, मैं उस कपट के विरुद्ध
जो टुकड़ों में बाँट रहा है चेहरा
जो जुटा नहीं पाया अब तक कीचड़ के टापू में, साफ़-सुथरे घर
मैं चुप्पी की गुहा में शंख की तरह
मैं आग की तरह जमे हुए दुख की बर्फ़ीली चट्टानों में
नागझिर्री, मैं एक छोटा-सा भाट, मैं आवाज़, एक दहकती भट्टी
अपने लोगों की आत्मा में बरमे की तरह छेद करते
भय के अँधेरे से ले जाना चाहता हूँ सबको, धूप के पठार पर
झूठ की फहराती पताकाओं को चींथता
महाकाल की तीसरी आँख जैसा
तमतमाता विद्रोही चेहरा सामूहिक देखना-दिखाना चाहता हूँ।

## गाँव तो थूक नहीं सकता था मेरी हथेली पर

छुट्टियाँ होने से उन छुट्टियों की याद आ रही है
दशकों पहले मैं नियमपूर्वक छुट्टियों में गाँव जाता ही था
गाड़ियाँ बदलनी पड़ती थीं खंडवा फिर इटारसी
फिर बड़ी सुबह गाँव का टेशन आता
आमला में ही शुरू हो जाती हड़बड़ी
जगाने और फिर बिस्तर-पेटी समेटने की
गाँव के टेशन पर जैसे अहसान जताने दो मिनिट को गाड़ी थमती
और मशीन की फुर्ती से अम्मा और बाबूजी
मुझे मय सामान के प्लेटफार्म पर धर देते

मामा और मौसी का बेटा गोपीचन्द
नियमपूर्वक प्लेटफार्म पर होते और बाहर
सफ़ेद और चितकबरे से जुती बैलगाड़ी
फिर गोपीचन्द भैया बैलों को आर लगाता

मुँह से अद्‌भुत आवाज़ें निकालता
जिनसे मेरी आँखें फटी की फटी रह जातीं
और चौकी फिर पीपल वाला मठ
पटेल मामा का बग़ीचा और चक्की के मोड़ के साथ
नथुनों में समा जाती गाँव की पहचानी गन्ध
आ जाता पुश्तैनी घर
जहाँ मैं छुट्टियों में आने को पैदा हुआ था
दो दिन तो पाँव पड़ने जाने में ही बीत जाते
आजी, मामा-मामी, काका-काकी, मौसी-बुआ
और उम्र में बड़े तमाम भाई-बहन
आज याद करता हूँ तो अचरज से भर जाता हूँ
किसी विराट् बरगद से कम नहीं थीं
वंश-वृक्ष की टहनियाँ

गाँव में इन्दौर वाले होने का हमारा दबदबा
रेलवे डिपार्ट में सर्विस करने वाले पिता का बेटा
परीक्षा देकर और अव्वल नम्बर पे
पास होकर आने वाला मैं
मेरी नेकर और कमीज़ के कपड़ों और उनकी काट को
गाँव के दरज़ी काका चश्मा चढ़ाकर गौर से देखते
कभी फीते से नाप-जोख भी करते
नाई मामा महीना खत्म होने के पहले ही
कटिंग बनाने को बेताब रहते
और इन्दौर के नाइयों की दुकानों के बारे में
ऐसे मुश्किल-मुश्किल सवाल करते
कि मैं चारों खाने चित हो जाता

हाट के दिन मौसी खर्ची ज़रूर देती
और मैं इन्दौर वाला गोंड बाज़ार की भूलभुलैया में

सम्मोहित–सा भटकता रहता
मौसी कुटकी और चने की भाजी वाली दाल
मिट्टी की हांडी में ज़रूर से पकाती
और मैं गाँव के उस घी को जी भर कूड़ता
जिसके स्वाद को कभी भी तरसेगी दुनिया
अपने पेड़ के कालू आम का स्वाद
आज चालीस साल बाद भी मेरी जुबान पर
इस तरह बसा है जैसे अभी चूसकर निकाली
बिन रेशे वाली पतली गुठली मेरे हाथ में है
जिसे फेंकने को जी नहीं करता
कैरी–जामुन तोड़ते–गन्ना चूसते
मैं अपने खेत की हदों को इस तरह देखता था
जिस तरह किसी राजा ने भी
अपने राज्य की सीमा को नहीं देखा होगा

छुट्टियाँ खत्म होने के दस–पन्द्रह दिन पहले से
शुरू हो जाती हमारी पहुनचारी
दिन में इस मामा के यहाँ, रात उस बुआ के यहाँ
फिर काका के इस तरह चलता रहता जीमने जाने का सिलसिला
सभी जगह सिमैया–अमरस, कुरड़ई–भजिए तो होते ही
कबीट–कैरी की चटनी बस बदल जातीं सब्ज़ियाँ

सबसे ख़तरनाक, यादगार और सौगात–भरा
साबित होता गाँव से लौटने का दिन
जब हमेशा धुत्त रहने वाले एक मौसा और बेहद कंजूस काका
भी मुझसे प्यार से बतियाते और पाँव छूते ही
मेरी हथेली पर चाँदी का एक कलदार रख देते
अब तक हैं, मेरे पास सुरक्षित पराधीन दिनों का स्मरण कराते
1914, 1921, 1932 की आग में ढले कुछ सिक्के

रात तक मेरे पास कितनी ही
दुअन्नी, चवन्नी और अठन्नी इकट्ठी हो जातीं
जिन्हें मैं बार-बार गिनता और शहर पहुँचकर
उनको खर्च करने के बारे में मंसूबे बनाता
इस शाम आरती के वक़्त मठ में जाना ज़रूरी होता
'एक नाम ओंकार' का जाप करता
फिर अमरदास बाबा का चेला
परसाद के साथ दुअन्नी या चवन्नी थमा देता

सबसे करुण होती विदा
माँ एक-एक से गले मिलकर सचमुच रोती
सचमुच के रोने की आवाज़ सुनसान और
रात के अँधेरे में देर तक मँडराती रहती

आते वक़्त फिर सबके पैर छूने होते
आजी, मौसी और बुआ मेरी नन्ही हथेली को पकड़कर खोलतीं
और उस पर प्यार से थूक देतीं
जिसके बारे में बताया जाता
इससे भूलते नहीं और ज़िन्दगी-भर याद बनी रहती

लौटते वक़्त असबाब बढ़ जाता
गुड़, कुटकी, सावाँ, घी, कुरड़ई, चने-मेथी की सूखी भाजियाँ
मेरी नज़र और चौकसी में रहती चारोली की पोटली
जिसे सुखिया गोंडन मामी से पसेरी के दाम खरीदा गया होता
फिर रवाना होती बैलगाड़ी
पुश्तैनी घर के ओझल होते ही
कंठ रुँध जाता, आँखें भर जातीं
अँधेरे में देखता नहीं दिखते शिनाख्त के ठिए

प्लेटफार्म पर हम ही होते जाने वाले

पिताजी स्टेशन मास्टर से कुछ कहकर आते
और हमारे गाड़ी में ठीक-ठाक चढ़ जाने के बाद ही
हरचरण काका ड्राइवर को टेबलेट पहुँचाते
उस वक़्त हम इतना बड़ा समझते अपने को
जितना आज रेलमंत्री के लिए भी सम्भव नहीं होगा
फिर पहाड़ों, बोगदों और नर्मदा को लाँघते आ जाता इन्दौर
होल्करों का पुराना, चन्द्रभागा नदी और छतरियों वाला
सजे-धजे ताँगों-साइकिलों और बिना ओव्हर ब्रिजों वाला इन्दौर
जो अब कहीं नहीं है

दिन गुज़रते परीक्षा पास आती
और शुरू हो जाता छुट्टियों का इन्तज़ार
आजी का कपास जैसा झुर्रियोंदार चेहरा
और चाँदी की तरह चमकते बाल याद आते
मदन, बब्बू, त्रिभुवन के साथ रेल पटरी के किनारे भटकना
छिपकर सिगरेट धुनकना
कुएँ पर मोट चलाना, हाँकना बैलगाड़ी
और जी.टी. की तेज़ रफ्तार देख दंग रह जाना
याद आता, याद आते पत्थर, नसीब कूटते चेहरे
धूसर कपड़े और पेड़ों में छिपे जौलखेड़ा की गन्ध
याद आती जो पृथ्वी पर और कहीं नहीं हो सकती
चौंक जाता सुनकर पटेल मामा की शेर जैसी दहाड़
तभी दिखती बुआ की बेटी गुणवन्ती
तब दुनिया की सबसे सुन्दर लड़की वही थी
गाँव तो थूक नहीं सकता था मेरी हथेली पर
पर उसकी याद अमृत-बुझे काँटों की तरह
मेरी आत्मा में गड़ी है

चक्की के मोड़ तक आए

विदा देते सभी चेहरे
मेरी आँखों में मँडरा रहे हैं

मेरे खून में तैरती हैं
पुरानी स्मृतियों की अनगिन नन्ही किश्तियाँ
जिनमें सवार सभी लोगों से
मेरी इतनी-सी विनती है
काँटे कोई नहीं निकाले
इन किश्तियों को
कोई मत डूबने दे।

## एक नीबू के पीछे

भीड़ को देखकर मैंने बचपन की आदत मुताबिक
साइकिल खड़ी की
और गरदन घुसेड़कर भाँपने लगा
आखिर माजरा क्या है
किसी ने कहा–गरीब के लिए एक नीबू भी गुनाह हो गया
मैंने देखा–एक नीबू के पीछे दिहाड़ी पर आई औरत को
धिक्कारा जा रहा था
वह किसी बड़े अफसरनुमा आदमी का बंगला था
जहाँ सुबह से घास काटती उस औरत ने
एक बजे रोटी भकोसने जाने के पहले
दराती रखते हुए नीबू उठाया था

बाई साहब कुंजड़न की तरह बिफर रही थी
और उसके दोनों नौकर अधेड़ मज़दूरन पर
कुत्तों की तरह झपट रहे थे
जबकि सचमुच का कुत्ता इत्ते हंगामे के बावजूद

पता नहीं क्यों चैन से सोया पड़ा था

भला मानुष या गवाह न जाने क्या समझ
मुझे नीबुओं से लदा-फदा पेड़ दिखाया गया
और बाई साहब की हथेली पर चमकता वह नीबू भी
जो बुत बनी उस औरत की मुट्ठी से बरामद हुआ था
एक नीबू के पीछे उस औरत को
ईमानदारी के पत्थरों से इस तरह खूनाखून होते देख
मेरी भँवें तन गईं
और खून लपटों की तरह भड़क उट्ठा
फिर भी अपने पर काबू रखते
''कानून को हाथ में क्यों ले रहे आप''
मैंने कुछ ऐसा इतना ही पता नहीं क्या सोचकर कहा
बस बाई साहब मुझ पर बरस पड़ी
यह मच्छर कहाँ से आ गया
किस डिपॉट में काम करता है
कन्हैया ज़रा साहब को फोन तो लगाना

एक नौकर ने कहा—तेरी घरवाली है क्या
दूसरे ने कहा—इतनी दया-मया है तो अपने घर बिठा ले
बाई साहब गरजी—इसे बता दो कहाँ खड़ा है
कानून को हम मच्छर समझते हैं, मच्छर
बड़ा आया कानून बताने वाला

अपनी साइकिल सँभालते मैंने उस पर नज़र डाली
जो बहुत सुन्दर तो नहीं पर भरपूर औरत थी
चालीस के आसपास भयभीत हड़बड़ाई
और दोनों नौकरों ने सुझाया जो, मेरे साथ
वैसा कुछ सम्भव नहीं था उससे रिश्ता कायम करना
और मैं अपने रास्ते गया सोचते

कैसी फूहड़ है यह बाई साब
जिसने मुझे और कानून को
पता नहीं क्या सोचकर मच्छर कहा

यह दिन का वाकया हुआ

रात मच्छरों के सताने से नींद नहीं आई
बीवी ने कोशिश की पूछने की पर मैं टाल गया
याद आता रहा मज़दूरन का ताम्बई चेहरा
और टोटके की तरह चमकता वह निर्मम नीबू
मैं सोचता रहा—पता नहीं वह औरत
इस वक़्त कहाँ सोई होगी थकी-माँदी
क्या वह भी याद कर रही होगी
भौंकते हुए कुत्ते और किस बुरी साइत में
उठाया वह नीबू
तभी बिजली-सी कौंधी मेरी आँखों में
याद के साथ चमकी खुशी
अरे वह तो पेट से भी थी
और ऊँघती अनमनी पत्नी को जगाया मैंने
सुनाने दिन का यह किस्सा

तब से बीच-बीच में
रात मेरी नींद पर गिद्ध की तरह झपट्टे मारती है
और नीबू से हज़ार गुना बड़ा नीबू
गिरता है मेरी आत्मा पर
जिसकी फाँक से निकल वह सताई गई औरत
मुझे देखती है अपने हमदर्द और मददगार की तरह
पर मैं गड़ जाता हूँ शर्म में
क्योंकि उस दोपहर मैं साबित हुआ एक घटिया आदमी
मुझे चीखना था और तमाशा खड़ा करके

सिद्ध कर देनी थी एक मेहनतकश औरत की
आकाश छूती हैसियत
और उसके सामने एक नीबू
और उस बाई साहब की बित्ता-भर औकात!

## प्याज़ के विषय में

पवित्रता और शुद्धता की दृष्टि से
अवश्य पिछड़ा
किन्तु अपनी तीखी गन्ध के बावजूद
परत-दर-परत पैवस्तगी और
गुणों की वजह से कठिन होगा
प्याज़ को किसी भी तरह से
कमतर आँकना
प्याज़ के बिना मुश्किल है शाही भोज
असम्भव है गरीब का खाना

प्याज़ की प्रशंसा में
कुछ कहने का यह वक़्त नहीं
पर जो काँख में दबा ले
प्याज़ की नन्ही सी गाँठ
कोई भी नाज़नीन
तो बहाना नहीं रहे बुखार
प्याज़ रक्खा हो जो जेब में
तो तपते थपेड़ों को सहते
मेहनतकश मज़दूर-किसान
फाँदते जाते हैं देखते के देखते
दहकते खेत-मैदान

इम्तहान होता है
प्याज़ को कायदे से काटना
तयशुदा महक और तमतमाने के
खास मुकाम तक भूनना
आँख में आए पानी को छिपाना
और ज़रूरत पड़ने पर
प्याज़ की मदद से
आँखों को डबडबाना
सचमुच कठिन इम्तहान होता है
औरत के चरित्र का
प्याज़ को काटना
छौंक में चटनी में प्याज़
सब्ज़ी में साझे के साथ
पिसा हुआ, किसा हुआ
कटा टुकड़ों में
खुद खड़े प्याज़ की सब्ज़ी
कटे की भी सूखी या रसेदार
फिर खाते वक़्त ठाठ से कच्चा
या वैसे भी जैसे बुधुआ
मुट्ठी से चेंद कर नमक मिला
रोटी में दबा खाता है,
खाते हैं अपने वतन में करोड़ों प्याज़

प्याज़ के गुणों के बारे में
हर गर्मियों की तरह अब के भी छपेगा
हर अख़बार में
कैसे भूख और इच्छा को जगाता है प्याज़
कैसे बुखार और बीमारियों को भगाता है प्याज़
कैसे तपती देह को ठंडक पहुँचाता है प्याज़

कैसे किशोरियों के केशों को चमकाता है प्याज़

और वे भी हैं अपने
जो काँदा कहकर खरीदते
गमछे या झोले में
घर जा रख देते छीके या मटकी में
उनके लिए तो काँदा
चौके में तनी हुई मुट्ठी-सी
अमोघ अमानत है
भूख और सुलगते हुए मौसम के ख़िलाफ़

और हाँ! प्याज़ की तारीफ़ में याद आ रही
कवयित्री वीस्लावा शिम्बोर्स्का की पंक्तियाँ
कि "समूची हार्दिकता से भरा
असम्भव सम्पूर्णता का मुहावरा
प्याज़ के भीतर
सिर से पाँव तक केवल प्याज़"
और नेरूदा को तो
किसी परिन्दे जैसा
बल्कि उससे भी खूबसूरत लगता था प्याज़

मैं भी मुरीद बचपन से ही प्याज़ का
जब-तब सुनता रहता था
अम्माजी-बाबूजी के मुँह से
गरीबों के घर में मौजूद डॉक्टर है प्याज़।

## अगर तुम्हें नींद नहीं आ रही

अगर तुम्हें नींद नहीं आ रही
तो मत करो कुछ ऐसा

कि जो किसी तरह सोए हैं
उनकी नींद हराम हो जाए

हो सके तो बनो पहरुए
दुःस्वप्नों से बचाने के लिए उन्हें
गाओ कुछ शान्त–मद्धिम
नींद और पके उनकी जिससे

सोए हुए बच्चे तो नन्हे फरिश्ते ही होते हैं
और सोई स्त्रियों के चेहरों पर
हम देख ही सकते हैं थके संगीत का विश्राम
और थोड़ा अधिक आदमी होकर देखेंगे तो
नहीं दिखेगा सोए दुश्मन के चेहरे पर भी
दुश्मनी का कोई निशान
अगर नींद नहीं आ रही तो
हँसो थोड़ा, झाँको शब्दों के भीतर
खून की जाँच करो अपने
कहीं ठंडा तो नहीं हुआ।

## नींद और कवि

रात पत्थरों को पीसती है
बिखरता रहता है पत्थरों की छाती में छिपा
पानी का उदास संगीत

और नींद है अँधेरे में बिल्ली की चमकती आँख

एक घुड़सवार रौंदता है सपनों को
कवि दर्ज करता है कविता में
कुत्तों के रुदन का प्राचीन शिलालेख

और घोड़े की नाल ठुक जाती है ज़ख्म के ऊपर

धीवर की फटी आँखों में लेटा समुद्र
करवट तक नहीं बदलता
पियक्कड़ों से बेखबर आसमान
देखता रहता है जलता हुआ पहाड़
एक अकेला आदमी खोदता रहता है अपने भीतर
किसी अज्ञात अकेली औरत का सन्नाटा

कवि बिल्ली को पुचकारना चाहता है
पर वह पीती रहती है शब्दों का दूध।

## पत्थर की बेंच

पत्थर की बेंच
जिस पर रोता हुआ बच्चा
बिस्कुट कुतरते चुप हो रहा है

जिस पर एक थका युवक
अपने कुचले हुए सपनों को सहला रहा है

जिस पर हाथों से आँखें ढाँप
एक रिटायर्ड बूढ़ा भर दोपहरी सो रहा है

जिस पर वे दोनों
ज़िन्दगी के सपने बुन रहे हैं

पत्थर की बेंच
जिस पर अंकित हैं आँसू, थकान
विश्राम और प्रेम की स्मृतियाँ

इस पत्थर की बेंच के लिए भी

शुरू हो सकता है किसी दिन
हत्याओं का सिलसिला
इसे उखाड़कर ले जाया
अथवा तोड़ा भी जा सकता है
पता नहीं सबसे पहले कौन आसीन हुआ होगा
इस पत्थर की बेंच पर।

## एक क्षण अकस्मात्

उस वक़्त मैं समुद्र के साथ था
और समुद्र एक पिए हुए दोस्त की तरह
मेरे कन्धे थपथपा रहा था
और मेरी आँखें एक ख़ुशनुमा गायन को
ख़त की तरह पढ़ रही थीं।
और मेरे कान उसकी देह के वसन्त को
इस तरह सुन रहे थे
जैसे वह, वह नहीं सचमुच सितार हो

तभी मैं आसमान के तारे की तरह टूटा
और मैंने सुनी समय की अन्तिम साँस टूटने की आहट
सब पीछे छूट गए
समुद्र, गायन, देह का वसन्त

मैं अचानक एक शब्द के कुएँ में उतर गया
वह शब्द था मौन
तभी मैंने जाना इस वक़्त मेरे साथ कोई नहीं है
न दोस्त न दुश्मन
और मैंने अपने भीतर के पत्थर को
आहिस्ता-आहिस्ता कुछ कहते सुना

जैसे मैंने देखी हो अपनी आँख के भीतर
पृथ्वी की आँख
यह सब मुझे बहुत बाद में मालूम पड़ा
जब मैं एक आँसू को दरवाज़ा बनाकर बाहर आ गया
वहीं जहाँ समुद्र अभी भी नशे में धुत्त पड़ा था।

## पानी की रोशनी के थरथराते पुल पर

पुकारो मत
बस दे दो अपनी चुप्पी में थोड़ी-सी जगह
और सुला लो मुझे नींद में अपनी
देखो! परिन्दों की चहचहाहट से घिरा
चल रहा है स्मृतियों का काफ़िला
हमारे आगे-पीछे

संगम है यह प्रारम्भ और अन्त का
हम खड़े हैं पानी की रोशनी के
थरथराते पुल पर

पतझर के नीले पड़ते उजाले में
तुम परछाईं हो वसन्त की
मैं धुन्ध के प्रपात में गिरती इच्छा की तरह...
सपने में मोहलत नहीं चाहता
कानाफूसी की तरह निहारना परस्पर
बहुत हो चुका

अब शामिल कर लो मेरी आँखों को
अपने देखने में
सचमुच बहुत सुन्दर हो गई है यह शाम

यहीं अधूरी छोड़कर अपनी बात
सूर्यास्त की चिंगारियों में
हम देख लें अन्तिम आतिशबाज़ी।

## पुरी का समुद्र

[1]

अथाह और असीम साम्राज्य था पानी का कहीं
कहीं तट था एशिया का सबसे बड़ा
कहीं बच्चों की तरह नींद में सोया समुद्र
कहीं औरतों के भेद छिपाते चेहरे की तरह शान्त
कहीं अनसुनी प्रार्थनाओं की तरह बिछा तप्त और उदास
ऐसे थे समुद्र जो पहले देखे

पर यह जो समुद्र पुरी का सामने
सूरज को गेंद की तरह उछालता
दहाड़ता शेर की तरह
ब्रह्मांड की समूची हलचल का पता पूछता
धरती-आकाश के कपाटों पर
देता दस्तक एक साथ
भयभीत करता एक क्षण
तो दूसरे क्षण ही थपथपाता कन्धे आत्मीयता की मेहराबों के
देता राहत एक सच्चे दोस्त की तरह
समुद्र की तमाम देखी तस्वीरों को फाड़ता, निरस्त करता
अपने जबड़े में पकड़ता काल को
और झाग की कविताओं से ढक देता
रेत पर अंकित मनुष्यों की देहों के निशान
फिर दुनिया-भर से आए

पुरुषों-स्त्रियों-बच्चों के लिए पेश करता
सातों समुद्र के वाद्यों की सार्वभौम सिंफनी

इस विराट् मेज़बानी के आगे
भौंचक बैठे रह जाते समुद्र के मेहमान
कुछ ऐसे भी जैसे पंगत में
कि बस इसके बाद परोसा जाएगा जगन्नाथ का भात।

[2]

दूसरे धूसरित जन समुद्र से निकल
जूठे पत्तों को चाटने झपटती हैं उघड़े बदन मानव आकृतियाँ
और नहीं फटती धरती
नहीं होती कोई आकाशवाणी
नहीं आता भूचाल
पत्ता तक नहीं खड़कता
और सुरक्षित रहता टेंटुआ भी जगपति का

जगन्नाथ और भात की जय बोलते
खाए-अघाए मेहमानों के बाद आए
नए भूखे अतिथियों को
फटी आँखों मुँह बाए देख रहा है समुद्र
और गूँगे बने बैठे काठ के जगन्नाथ के कंठ में
डुच्चे-सा अटका है कोई भरतवाक्य...।

## महाबलीपुरम्-1

सूरज की तेज़ धूप पत्थरों को
कुरेद रही है
समुद्र का पानी पत्थरों को
थरथरा रहा है

ठंडी हवा मुझे
बहुत दूर पहुँचा रही है
यहाँ कभी उत्सवों के दिन-रात थे
वहाँ तुम दोपहर में सोई हुई होगी

इधर पत्थरों के रथ रेत में
धँसे हुए
गोपुरम् का मस्तक केवल दूर
समुद्र में झिलमिला रहा

मैं अब तुम्हारे लिए सुन रहा हूँ
समुद्र और हवा का संवाद
तुम्हारी आँखें चमककर मेरे भीतर
देख रही हैं चटकीला आकाश
आकाश के एकान्त को रौंदता
जा रहा है एक जेट यान

धूप में खिल गई है तुम्हारी हँसी

आया था तब बेहद अकेला था
मैं इतने बड़े समुद्र के पास
और अब मेरे सामने कितना
अकेला है यह बेचारा समुद्र।

## महाबलीपुरम्-2

अकेला भटकता हुआ मैं
रेत और समुन्दर के बीच
सिर्फ़ पत्थरों के संगीत को सुनते हुए

शताब्दियों का अतीत
और उतनी ही स्मृतियाँ

एक पत्थर का हाथी मेरे आगे
एक पत्थर का शेर मेरे पीछे
मैं मांस का धड़कता हुआ
एक छोटा-सा फूल इस तपती हुई
रेत पर

मेरे होंठों पर
समुद्र का खारा स्वाद
मेरी त्वचा पर धूप का गुनगुना हाथ
और मेरी जेब में कुछ पत्थर हैं
जो समुद्र ने दिए मुझे
तुम्हारे लिए।

## कोणार्क

[1]

मैं यहाँ आया हूँ
जहाँ रेत के विस्तार में
समुद्र नहीं समुद्र की गन्ध शेष है
वैसे ही जैसे रथ पर सारथी नहीं

सूर्य!
तुम्हारे लिए सम्भव ही नहीं था
कि तुम रहते कैद पत्थरों की हदबन्दी में
जिसे रथ या मन्दिर कहते हैं

आते हैं यहाँ बियाबान में
सुनने पत्थरों में छिपे बजते पानी के

वाद्ययंत्र
और इच्छाओं की रोशनी का संगीत

जीवित समय मँडराता है आकाश में
गरुड़ की तरह
जिसकी चोंच में झूलती रहती है
बीते समय की छाया।

[2]

सातों आसमान जानते ही होंगे
कि सभी दिन एक से नहीं रहते
चाहे स्वामी स्वयं दिनमान ही
क्यों न हो
सूर्य!
वैसे देखते ही बनता है दबदबा तुम्हारा
कविताओं के बन्दरगाह पर
सारे दिन गूँजती है तुम्हारी पदचाप यहाँ
जैसे समय की धड़कन

फिर भी लगता है
इतनी पसरी हुई भूख के बीच
तुमने खिसका दिया है अपने सामने से
परसा हुआ जगन्नाथ का भात।

[3]

सूरज अपने रथ को नहीं हाँकता
अपनी जिह्वाओं से सुड़पता है समुद्र के
उच्छ्वास

यहाँ रेत के हृदय में

सूख चुकी हैं पसीने की सहस्त्र धाराएँ
और पत्थर समय में तीसरे आयाम से
प्रकट होते हैं प्रेममग्न जोड़े
जैसे लपटों में महकते हैं कामातुर सपने
इतने वैभव से सम्मोहित
जैसे सुस्ताते स्थिर हो गए हैं रथ के
घोड़े
और रेत में गड़े हुए पहिए इतने भव्य
कि खुद काल की गति के स्मारक
लगते हैं

लेकिन पत्थरों के इस उद्यान में
घायल धरती की कराह सुनाई देती है
भूख की छाया मँडराती है।

[4]

यह दूसरे तरह की पारदर्शिता का समय है
सूरज तुम्हारा रथ
मिथक और अनगिनत परिरम्भणों के
बावजूद
जैसे कुछ नहीं में तब्दील हो रहा है
तुम आँख दुनिया की
तुम सतत कालयात्री कविता की तरह
तुम भेदिए दुनिया के सबसे पहले
जासूस
अब तीन सवाल हैं तुम्हारे सामने
तुम्हारी कितनी बीवियाँ
तुम रात कहाँ बिताते हो
और जानना चाहते हैं

## जहाँ थोड़ा-सा सूर्योदय होगा

पानी के पेड़ पर जब
बसेरा करेंगे आग के परिन्दे
उनकी चहचहाहट के अनन्त में
थोड़ी-सी जगह होगी जहाँ मैं मरूँगा

मैं मरूँगा जहाँ वहाँ उगेगा पेड़ आग का
उस पर बसेरा करेंगे पानी के परिन्दे
परिन्दों की प्यास के आसमान में
जहाँ थोड़ा-सा सूर्योदय होगा
वहाँ छायाविहीन एक सफ़ेद काया
मेरा पता पूछते मिलेगी।

□□□

इतने निचाट आसमान में इक्के-दुक्के परिन्दे
कि एक कालाहांडी से दूसरी
कालाहांडी के बीच
अपनी अनवरत यात्रा के बारे में
तुम्हारे क्या विचार हैं?

## अन्तिम दिन की अनुभूति

उस दिन हरा सूरज उगेगा
और मैं अपने को और अधिक नहीं जानूँगा,
कच्चे बादल-सा तकिया
पिघलते बर्फ़-सा बिस्तर
कितने अनन्त सिमट आएँगे आँखों में
सिर्फ़ अन्तिम बार देख लेने के लिए
ठूँठे नीम पर टिके नंगे आसमान को

एक क्षण के लिए सब कुछ बेहद उजला हो जाएगा
और एक अन्तहीन सड़क का सिलसिला
आँखों में उतरता जाएगा
और जब गुलमोहर के नीचे गुलाबी साड़ी में रोती हुई
लड़की का दृश्य आकर आँखों में अटक जाएगा
तब मुझ पर अपनी कविताओं के
चिन्दे बरसने लगेंगे
और मैं आँसू की बूँद भाप बन जाऊँगा...
समुद्र प्रार्थना-सा बिछा रह जाएगा
मैदानों के कलेजे सुन्न पड़ जाएँगे
सिर्फ़ जलते रहेंगे पहाड़
और उनसे उठती हुई लपटों की परछाईं
पृथ्वी पर छा जाएगी...।